MW01611839

Sprachführer **Englisch**

Der ideale Reisebegleiter

Berlitz Publishing
München · Union, NJ · Singapur

Berlitz Sprachführer Englisch

Originaltext erstellt unter Mitarbeit von:
Eva Bayer und Ania Warne
Lautschrift: Dr. T.J.A. Bennett
Lektorat: Dr. Stephanie Kramer und Christiane Bohner
Projektleitung: Christiane Bohner

Umschlag: Studio Schübel Werbeagentur GmbH, München,
unter Verwendung eines Fotos von CORBIS (großes Foto)
und eines Fotos von Photo Alto (kleines Foto)

© 2004 Berlitz Publishing, München

Berlitz Publishing
Mies-van-der-Rohe-Straße 1
D-80807 München

Druck: Druckhaus Langenscheidt KG, Berlin
Printed in Germany
ISBN 3-468-79111-9

Inhalt

Unterwegs

Urlaubsaktivitäten

Besichtigungen

Unterhaltung

Bekanntschaften

Geschäfte & Behörden

Einkaufsführer

Bank und Geldangelegenheiten

Post und Telefon

Gesundheit   162

Wörterbuch & Grammatik   173

Benutzerhinweise

- Im Abschnitt „**Aussprache**" im ersten Kapitel (Seite 9 – 13) sind die wichtigsten Ausspracheregeln des Englischen prägnant und mithilfe von Beispielen aus dem Deutschen gut verständlich erklärt. Außerdem werden Ihnen hier die Zeichen der speziellen, einfachen Berlitz-Lautschrift vorgestellt, die Sie durch den ganzen *Berlitz Sprachführer* hindurch begleiten wird.

  Damit die verwendete Lautschrift besonders benutzerfreundlich ist, geht sie, wann immer möglich, von der Ihnen vertrauten Aussprache der deutschen Laute aus. Darüber hinaus werden einige Sonderzeichen der internationalen Lautschrift vereinfacht dargestellt.

- Der darauf folgende Abschnitt „**Die ersten Wörter**" (Seite 14 – 20) bietet Ihnen einen knappen Basis-Wortschatz mit den für die Reise wichtigsten und häufigsten englischen Wörtern und Wendungen – sozusagen eine echte sprachliche „Notausrüstung". Wenn Sie sich schon vor der Abreise ein wenig mit diesem Wortschatz vertraut machen, werden Sie überrascht sein, wie viele unterschiedliche Situationen Sie damit schon auf Englisch meistern können.

- Die praktische **Farbkodierung** für die einzelnen Themen beginnt schon im Inhaltsverzeichnis und zieht sich dann als Register außen an den Seiten durch den gesamten *Berlitz Sprachführer* – so finden Sie jederzeit mühelos das, was Sie gerade brauchen.

- Im Inhaltsverzeichnis sehen Sie, dass jedes Kapitel in verschiedene Abschnitte eingeteilt ist. Innerhalb jedes Abschnitts begegnen Ihnen dann durchgängig die gleichen **Strukturen**:

  Sie finden hier in der Regel einfache Sätze und Redewendungen, häufig gefolgt von unterschiedlichen Auswahlwörtern, die Sie je nach Bedarf in die Lücke mit den drei Punkten einsetzen können.

  Zum Beispiel:

Ich habe … verloren.	**I've lost …** eiw losst
meine Brieftasche	**my wallet** mei ᵘollit
mein Geld	**my money** mei manni
meine Handtasche	**my handbag** mei hændbæg

- Wenn in einem Satz zwei verschiedene Möglichkeiten aufgeführt sind, sind diese immer durch einen Schrägstrich im Deutschen und entsprechend im Englischen voneinander getrennt:

  Die Farbe/Form gefällt mir nicht. **I don't like the colour/the shape.** ei doo^unt leik öö <u>kall</u>ö/öö schä'p

  Sie sagen also entweder „Die Farbe gefällt mir nicht" – *I don't like the colour* oder „Die Form gefällt mir nicht" – *I don't like the shape*.

- Bei Auslassungspunkten, denen keine möglichen Ergänzungen folgen, setzen Sie das in der jeweiligen Situation passende Wort ein; im folgenden Satz wäre beispielsweise der Name einer berühmten Persönlichkeit gut denkbar:

  Wo ist das Haus, in dem ... lebte? **Where's the house where ... lived?** ^uäös öö hauss ^uäö ... liwd

- An einigen Stellen im Buch sehen Sie farbig unterlegte Kästchen mit der Überschrift **„Das hören Sie"**: Hierbei handelt es sich um mögliche Fragen bzw. Antworten Ihres englischsprachigen Gesprächspartners. Bei Verständigungsschwierigkeiten können Sie ihn oder sie auf den jeweils zutreffenden englischen Satz im *Berlitz Sprachführer* deuten lassen – und haben die deutsche Übersetzung gleich daneben.

- Das **englische Inhaltsverzeichnis** (*English index*) am Ende dieses Buches (Seite 211 – 213) ermöglicht bei Bedarf auch Ihrem englischsprachigen Gegenüber das gezielte Nachschlagen im *Berlitz Sprachführer* – und erleichtert so Ihnen beiden die Kommunikation.

- Wenn Sie die englische Übersetzung für ein bestimmtes deutsches Wort suchen, schlagen Sie diese einfach im deutsch-englischen **Wörterbuch** (Seite 180 – 210) nach.

- Die **Kurzgrammatik** (Seite 173 – 179) schließlich stellt kompakt und anhand vieler Beispielsätze (mit Übersetzung) einige der wichtigsten englischen Grammatikregeln dar.

Wir wünschen Ihnen eine gute Reise und viel Erfolg mit dem *Berlitz Sprachführer Englisch*!

Das Wichtigste

Aussprache

Überblick über die englische Schreibung und Aussprache

Die hier beschriebene vereinfachte Lautschrift ist wie Deutsch zu lesen; besondere Ausspracheregeln sind unten erläutert. Natürlich stimmen die Laute zweier verschiedener Sprachen nie ganz genau überein; aber wenn Sie die folgende Anleitung sorgfältig beachten, sollten Sie mit dem Lesen unserer Lautschrift keine Probleme haben und ohne weiteres verstanden werden können.

Unterstrichene Silben müssen mit mehr Betonung als die anderen ausgesprochen werden. Hochgestellte Buchstaben werden dagegen nur flüchtig ausgesprochen.

Konsonanten (Mitlaute)

Buch-staben	Annähernde Aussprache	Laut-schrift	Beispiel	
f, h, k, l, m, n, p, t, x	werden wie im Deutschen ausgesprochen			
b	immer wie in Ra**b**e, nie wie in a**b**	b	**big**	bigg
c	1) vor **e, i, y** wie **ss** in Nu**ss**	ss	**face**	fäⁱss
	2) sonst wie **k** in **k**ein	k	**can**	kæn
ch	wie **tsch** in rut**sch**en	tsch	**much**	matsch
d	immer wie in ba**d**en, nie wie in Ba**d**	d	**do**	duh
g	1) vor **e, i, y** gewöhnlich wie **dsch** in **Dsch**ungel (stimmhaft)	dʒ	**gin**	dʒinn
	2) sonst wie **g** in **g**ut	g	**good**	gudd
j	wie **dsch** in **Dsch**ungel (stimmhaft)	dʒ	**jam**	dʒæm
qu	wie **k,** gefolgt von einem flüchtigen (schwachen) **u**-Laut	k^u	**quick**	k^uikk

r	Dieser Laut kommt so im Deutschen nicht vor. Die Zunge ist ungefähr in der gleichen Stellung wie bei **g** in **G**enie, aber viel tiefer. Die Lippen sind in einer eher neutralen Stellung. Das **r** wird nur vor einem Vokal ausgesprochen (Bsp: *read*); am Wortende wird es dagegen gar nicht ausgesprochen (Bsp: *car*) oder wird in der Endung -**er** zu einem so genannten flüchtigen **e** (in unserer Lautschrift ö; Bsp: *mother*).	r	**read** **car** **mother**	ried kah ma̱ðö
s	1) zwischen Vokalen (Selbstlauten) und am Wortende wie **s** in Ro**s**e	s	**please**	plies
	2) in den Buchstabengruppen -**si**- und -**su**- wie **g** in **G**enie	ʒ	**vision** **measure**	wi̱ʒön mä̱ʒö
	3) sonst wie **ss** in Nu**ss**	ss	**see**	ssie
sh	wie **sch** in **sch**ön	sch	**shut**	schatt
th	1) manchmal (besonders am Wortende) wie **s** in bi**s**, aber gelispelt	θ	**berth**	böhθ
	2) manchmal (besonders vor Vokalen) wie **s** in Ro**s**e, aber gelispelt	ð	**this**	ðiss
v	wie **w** in **W**ein	w	**very**	wärri
w, wh	wie ein schwacher **u**-Laut	u	**we**	ᵘie
z	wie **s** in Ro**s**e	s	**zoo**	suh

Vokale (Selbstlaute)

Englische Vokale werden häufig nicht genau der schriftlichen Form entsprechend ausgesprochen. Insbesondere unbetonte Vokale neigen dazu, „reduziert" ausgesprochen zu werden. Sie klingen dann eher wie ein flüchtiges **e** – wie z.B. das **e** im deutschen Wort „bitte" – und werden in der hier verwendeten Lautschrift mit dem Buchstaben **ö** wiedergegeben.

a	1) vor einem Konsonanten (außer **r**) ein zwischen **a** und **ä** schwebender Laut	æ	**cat**	kæt
	2) vor einem Konsonanten plus Vokal wie **ä** in h**ä**tte, gefolgt von einem schwachen **i**-Laut	ä^i	**late** **crazy**	lä^{i}t <u>krä^{i}si</u>
	3) zwischen **w** und einem Konsonanten gewöhnlich wie **o** in P**o**st	^{u}o	**was**	^{u}os
	4) in bestimmten Fällen, oft wenn von **s** gefolgt, wie **ah** in B**ah**n	ah	**pass** **dance**	pahss dahnss
e	1) vor einem Konsonanten wie **ä** in h**ä**tte	ä	**bed**	bädd
	2) vor einem Konsonanten plus Vokal oft wie **ie** in d**ie**s	ie	**eve**	iew
i	1) vor einem Konsonanten wie **i** in b**i**s	i	**sit**	ssitt
	2) vor einem Konsonanten plus Vokal oft wie **ei** in k**ei**n	ei	**line**	lein
o	1) vor einem Konsonanten wie **o** in P**o**st	o	**hot**	hott
	2) vor einem Konsonanten plus Vokal etwa wie **oo** in M**oo**s, gefolgt von einem schwachen **u**-Laut	oo^u	**bone**	boo^{u}n

		3) manchmal wie **a** in h**a**t	a	**mother**	ma̱ðö
u		1) vor einem Konsonanten gewöhnlich wie **a** in h**a**t	a	**must**	masst
		2) vor Konsonant plus Vokal (aber nicht nach **j**, **l**, **r** oder **s**) wie **ju** in **ju**beln	juh	**tune**	tjuhn
		3) sonst wie **uh** in K**uh** oder **u** in P**u**mpe	uh u	**rude** **put**	ruhd putt
y		1) in einsilbigen Wörtern wie **ei** in m**ei**n	ei	**my**	mei
		2) am Wortanfang wie **j** in **j**ung	j	**you**	juh
		3) sonst wie **i** in b**i**s	i	**penny**	pä̱nni

Laute, die mit mehreren Buchstaben geschrieben werden

ai, ay	wie **ä** in h**ä**tte, gefolgt von einem schwachen **i**-Laut	äⁱ	**may**	mäⁱ
ar	wie **ah** in f**ah**ren	ah	**car**	kah
au, aw, oar, or	wie **oh** in **oh**ne, aber mit offenerem Mund gesprochen	oh	**saw** **boar** **for**	ssoh boh foh
ea, ee, ei, ie	gewöhnlich wie **ie** in s**ie**	ie	**leave**	liew
er, ir, ur	1) vor einem Konsonanten (oder am Wortende) wie **öh** in F**öh**n, aber mit gedehnten Lippen (wie bei **ee**)	öh	**burn**	böhn
	2) vor Vokal wie **ie** (S**ie**), **ä** (w**ä**re), **ei** (m**ei**n) oder **ju** (**Ju**bel) gefolgt von einem flüchtigen **ö**-Laut	ie̱ö ä̱ö ei̱ö juhö̱	**here** **there** **fire** **pure**	hie̱ö ðä̱ö fei̱ö pjuhö̱
eau, eu, ew	wie **ju** in **ju**beln	juh	**new**	njuh
igh	wie **ei** in m**ei**n	ei	**high**	hei

oa	wie **oo** in M**oo**s, gefolgt von schwachem **u**-Laut	oo^u	**boat**	boo^ut
oi, oy	wie **eu** in n**eu**	eu	**boy**	beu
oo	gewöhnlich wie **uh** in K**uh**	uh	**soon**	ssuhn
ou	gewöhnlich wie **au** in H**au**s	au	**house**	hauss
ow	1) wie **au** in H**au**s	au	**now**	nau
	2) wie **oo** in M**oo**s, gefolgt von einem schwachen **u**-Laut	oo^u	**low**	loo^u
-ssion, -tion	wie **schen** in wa**schen**	schön	**station**	<u>sstä</u>'schön

---

Aussprache des englischen Alphabets

A	ä^i	**H**	ä^itsch	**O**	oo^u	**V**	wie
B	bie	**I**	ei	**P**	pie	**W**	<u>dabl</u>juh
C	ssie	**J**	dʒä^i	**Q**	kjuh	**X**	äks
D	die	**K**	kä^i	**R**	ahr	**Y**	^uei
E	ie	**L**	äll	**S**	äss	**Z**	sädd
F	äff	**M**	ämm	**T**	tie		
G	dʒie	**N**	änn	**U**	juh		

Die ersten Wörter

Ja.	**Yes.** jäss
Nein.	**No.** noo^u
Bitte.	**Please.** plies
Danke.	**Thank you.** θænk juh
Vielen Dank.	**Thank you very much.** θænk juh wärri matsch
Bitte/Gern geschehen.	**You're welcome.** joh ^{u}ällkömm
Entschuldigung/ Verzeihung!	**Excuse me/Sorry!** iksskjuhs mie/ssorri

Begrüßung — Greetings

Guten Morgen.	**Good morning.** gudd mohning
Guten Tag. (*am Nachmittag*)	**Good afternoon.** gudd ahftönuhn
Guten Abend.	**Good evening.** gudd iewning
Gute Nacht.	**Good night.** gudd neit
Auf Wiedersehen.	**Goodbye.** guddbei
Bis bald.	**See you soon.** ssie juh ssuhn
Das ist …	**This is …** ðiss is
Herr/Frau …	**Mr/Mrs/Ms**[1] **…** misstö/missis/mis
mein Mann	**my husband** mei hasbänd
meine Frau	**my wife** mei ^{u}eif
Sehr erfreut./ Guten Tag/Abend. (*nur bei Vorstellung*)	**How do you do?**[2] hau duh juh duh
Freut mich.	**Pleased to meet you.** pliesd tuh miet yuh
Wie geht es Ihnen?	**How are you?** hau ah juh
Sehr gut, danke.	**Very well, thanks.** wärri ^{u}äll θænkss.
Und Ihnen/dir?	**And you?** ænd juh
Wie geht's?	**How's life?** haus leif

---

[1] Die Form *Ms* verwendet man, wenn man nicht weiß, ob die betreffende Frau verheiratet ist oder nicht, bzw. weil diese es so wünscht.

[2] Auf diese (sehr) formelle Begrüßungsformel antwortet man ebenfalls mit *How do you do?*.

Das Englische unterscheidet nicht zwischen „du" und „Sie" und man spricht sich meistens recht schnell mit dem Vornamen an. Selbst wenn man jemandem zum ersten Mal vorgestellt wird, schüttelt man sich dabei nicht unbedingt die Hand.

Fragen / Questions

Fragen	Questions
Wo/Wohin?	**Where?** ^uäö
Wo ist …?	**Where is …?** ^uäö ris
Wo sind …?	**Where are …?** ^uäö rah
Wo finde/bekomme ich …?	**Where can I find/get …?** ^uäö kæn ei feind/gätt
Wer?	**Who?** huh
Wer ist das?	**Who's that?** huhs ðæt
Was?	**What?** ^uott
Was ist das?	**What's that?** ^uottss ðæt
Was bedeutet das?	**What does that mean?** ^uott das ðæt mien
Welcher/Welche/Welches?	**Which?** ^uitsch
Welcher Bus fährt nach …?	**Which bus goes to …?** ^uitsch bass goo^us tuh
Wann?	**When?** ^uänn
Wann kommen wir an?	**When do we arrive?** ^uänn duh ^uie örreiw
Wann öffnet/schließt …?	**When does … open/close?** ^uänn das … oo^upön/kloo^us
Wie viel …?	**How much …?** hau matsch
Wie viele …?	**How many …?** hau männi
Wie viel kostet das?	**How much does this cost?** hau matsch das ðiss kosst
Wie komme ich nach …?	**How do I get to …?** hau duh ei gätt tuh
Wie weit …?	**How far …?** hau fah
Wie lange …?	**How long …?** hau long
Wie heißt dies/das auf Englisch?	**What do you call this/that in English?** ^uott duh juh kohl ðiss/ðæt inn ingglisch
Stimmt das?	**Is that right?** is ðæt reit
Warum?	**Why?** ^uei

Sprechen Sie …?   **Do you speak …?**

Spricht hier jemand Deutsch?
Does anyone here speak German?
das änni^uann <u>hie</u>ö sspiek dʒöhmön

Ich spreche kaum Englisch.
I don't speak much English.
ei doo^unt sspiek matsch <u>ing</u>glisch

Würden Sie bitte langsamer sprechen?
Could you speak more slowly, please?
kudd juh sspiek moh <u>ssloo</u>^uli plies

Wie sagt man das auf Englisch?
How do you say this in English?
hau duh juh ssäⁱ ðiss inn <u>ing</u>glisch

Könnten Sie das bitte aufschreiben?
Could you write it down, please?
kudd juh reit itt daun plies

Könnten Sie es …?
Could you … it? kudd juh … itt

buchstabieren
spell sspäll

erklären
explain ikssplä<u>i</u>n

übersetzen
translate trænslä<u>i</u>t

wiederholen
repeat ri<u>piet</u>

Bitte zeigen Sie mir … im Buch.
Please point to … in the book.
plies peunt tuh … inn ðö bukk

den Ausdruck
the phrase ðö frä<u>i</u>s

den Satz/das Wort
the sentence/the word
ðö <u>ssän</u>tönss/ ðö ^uöhd

Einen Augenblick.
Just a moment. dʒasst ö moo^umönt

Ich sehe nach, ob ich es in diesem Buch finde.
I'll see if I can find it in this book.
eill ssie iff ei kæn feind itt inn ðiss bukk

Was heißt das?
What does this mean?
^uott das ðiss mien

Wie bitte?
I beg your pardon? ei bägg joh pahdn

Ich verstehe das nicht.
I don't understand. ei doo^unt andö<u>ss</u>tænd

Verstehen Sie das?
Do you understand? duh juh andö<u>ss</u>tænd

Haben Sie ein Wörterbuch?
Do you have a dictionary?
duh juh hæw ö <u>dik</u>schönäri

Ich kann die richtige Übersetzung nicht finden.
I can't find the right translation.
ei kahnt feind ðö reit trænslä<u>i</u>schön

Ich bin mir nicht sicher, ob die Aussprache stimmt.
I'm not sure whether the pronunciation is right. eim nott <u>schu</u>ö ^uäðö ðö prönan<u>ssiä</u><u>i</u>schön is reit

Könnte …?

Could …?

Könnte ich … haben?	**Could I have …?** kudd ei hæw
Könnten wir … haben?	**Could we have …?** kudd ᵘie hæw
Könnten Sie mir … zeigen?	**Could you show me …?** kudd juh schooᵘ mie
Könnten Sie mir sagen …?	**Could you tell me …?** kudd juh täll mie
Könnten Sie mir helfen?	**Could you help me?** kudd juh hälp mie

Wünsche

Wanting …

Ich hätte gern/Ich möchte …	**I'd like …** eid leik
Geben Sie mir bitte dies/das.	**Could you give me this/that, please?** kudd juh giew mie ðiss/ðæt plies
Bringen Sie mir bitte …	**Could you bring me …** kudd juh bring mie
Zeigen Sie mir bitte …	**Could you show me …** kudd juh schooᵘ mie
Ich suche …	**I'm looking for …** eim lukking foh
Ich brauche …	**I need …** ei nied

Haben/Sein

To have/To be

Ich habe/Wir haben …	**I've/We've …** eiw/ᵘiew
Ich habe … verloren.	**I've lost …** eiw losst
Ich bin/Wir sind …	**I'm/We're …** eim/ᵘieö
Ich habe Hunger.	**I'm hungry.** eim hangri
Ich habe Durst.	**I'm thirsty.** eim θöhssti
Ich habe mich verirrt.	**I'm lost.** eim losst
Ich habe mich verspätet.	**I'm late.** eim läᵗt
Ich bin müde.	**I'm tired.**[1] eim teiöd

Es ist/Es gibt …

It is/There is …

Es ist …	**It is/It's …** itt is/itss …
Es ist nicht …	**It isn't …** itt isönt

---

[1] *I've, I'm* usw. sind Kurzformen für *I have, I am* usw. (siehe auch Kurzgrammatik, Seite 178).

Ist es …?	**Is it …?** is itt
Hier ist es.	**Here it is.** hieö itt is
Es ist wichtig.	**It's important.** itss impohtönt
Es ist dringend.	**It's urgent.** itss öhdʒönt
Es gibt …	**There is …** ðäö ris
Es gibt keinen/keine/kein … (*Einzahl*)	**There is no …** ðäö ris noo^u
Es gibt keine … (*Mehrzahl*)	**There are no …** ðäö rah noo^u
Gibt es …? (*Einzahl*)	**Is there …?** is ðäö

Mengen — Quantities

ein wenig/viel(e)	**a little/a lot** ö littöl/ö lott
wenige/einige	**few/a few** fjuh/ö fjuh
viel/viele	**much/many** matsch/männi
mehr/weniger (als)	**more/less (than)** moh/läss (ðæn)
genug/zu viel	**enough/too much** inaff/tuh matsch

Gegensätze — Opposites

alt/jung	**old/young** oo^uld/jang
alt/neu	**old/new** oo^uld/njuh
billig/teuer	**cheap/expensive** tschiep/iksspänssiw
draußen/drinnen	**outside/inside** autsseid/insseid
frei/besetzt	**free/occupied** frie/okjupeid
früh/spät	**early/late** öhli/lä't
groß/klein	**big/small** bigg/ssmohl
gut/schlecht	**good/bad** gudd/bæd
heiß/kalt	**hot/cold** hott/koo^uld
hier/dort	**here/there** hieö/ðäö
hinauf/hinunter	**up/down** app/daun
leicht/schwer	**light/heavy** leit/häwi
leicht/schwierig	**easy/difficult** iesi/diffikölt
nahe/weit	**near/far** nieö/fah
offen/geschlossen	**open/shut** oo^upön/schatt

richtig/falsch	**right/wrong** reit/rong
schnell/langsam	**fast/slow** fahsst/ssloo^u
schön/hässlich	**beautiful/ugly** bjuhtifull/agli
voll/leer	**full/empty** full/ämpti
vorher/nachher	**before/afterwards** bifoh/ahftö^uöds

Präpositionen — Prepositions

an	**at, on** æt, onn
auf	**on** onn
außer	**except** ikssäpt
bei	**at** æt
bis	**until** antill
durch	**through** θruh
für	**for** foh
gegen	**against** ögänsst
hinter	**behind** biheind
in	**in** inn
mit	**with** ^uið
nach (zeitlich)	**after** ahftö
nach (räumlich)	**to, towards** tuh, tu^uohds
neben	**next to** näksst tuh
ohne	**without** ^uiðaut
seit	**since** ssinss
über	**over** oo^uwö
unter	**under** andö
von	**from** fromm
vor (zeitlich)	**before** bifoh
vor (räumlich)	**in front of** inn front ow
während	**during** djuhring
zu	**to** tuh
zwischen	**between** bit^uien

Weitere nützliche Wörter Some more useful words

aber	**but** batt
auch	**also** ohlssoo^u
bald	**soon** ssuhn
dann	**then** ðänn
immer	**always** ohl^uäⁱs
jetzt	**now** nau
nicht	**not** nott
nicht mehr	**no more** noo^u moh
nichts	**nothing** naθing
nie	**never** näwö
niemand	**nobody** noo^ubödi
noch	**yet** jätt
nur	**only** oo^unli
oder	**or** oh
schon	**already** ohlräddi
sehr	**very** wärri
und	**and** ænd
vielleicht	**perhaps** pöhæpss

Allerlei Wissenswertes

Woher kommen Sie? Where do you come from?

Ich komme aus …	**I'm from …** eim fromm
Ägypten	**Egypt** iedʒipt
Belgien	**Belgium** bäldʒöm
China	**China** tscheinö
Dänemark	**Denmark** dänmahk
Deutschland	**Germany** dʒöhmöni
England	**England** ingglönd
Finnland	**Finland** finlönd
Frankreich	**France** frahnss
Griechenland	**Greece** griess
Großbritannien	**Great Britain** grä't brittön
Indien	**India** indijö
Irland	**Ireland** eiölönd
Island	**Iceland** eisslönd
Israel	**Israel** isröäl
Italien	**Italy** ittöli
Japan	**Japan** dʒöpæn
Kanada	**Canada** kænödö
Luxemburg	**Luxembourg** lakssömböhg
Neuseeland	**New Zealand** njuh sielænd
den Niederlanden	**the Netherlands** ðö näðölönds
Norwegen	**Norway** noh\u ä'
Österreich	**Austria** ohsstriö
Polen	**Poland** poo\ulönd
Portugal	**Portugal** pohtjuhgöl
Russland	**Russia** raschö
Schottland	**Scotland** sskottlönd
Schweden	**Sweden** ss\uiedön
der Schweiz	**Switzerland** ss\uitssölönd
Spanien	**Spain** sspä'n
Südafrika	**South Africa** sauθ æfrikö

der Türkei	**Turkey** töhki
Ungarn	**Hungary** hanggöri
den Vereinigten Staaten	**the United States** ðö juneitid sstä'tss
Wales	**Wales** ^uä'ls
Afrika	**Africa** æfrikö
Asien	**Asia** ä'schö
Australien	**Australia** ohsstä'lijö
Europa	**Europe** juhröp
Nordamerika	**North America** nohθ ömärrikö
Südamerika	**South America** ssauθ ömärrikö

Zahlen — Numbers

0	**zero/"0"** sieroo^u/oo^u
1	**one** ^uann
2	**two** tuh
3	**three** θrie
4	**four** foh
5	**five** feiw
6	**six** ssikss
7	**seven** ssäwwön
8	**eight** ä't
9	**nine** nein
10	**ten** tänn
11	**eleven** iläwwön
12	**twelve** t^uälw
13	**thirteen** θöhtien
14	**fourteen** fohtien
15	**fifteen** fiftien
16	**sixteen** ssiksstien
17	**seventeen** ssäwwöntien
18	**eighteen** ä'tien
19	**nineteen** neintien
20	**twenty** t^uänti
21	**twenty-one** t^uänti^uann

22	**twenty-two** t^uäntit<u>uh</u>
23	**twenty-three** t^uänti<u>θrie</u>
24	**twenty-four** t^uänti<u>foh</u>
25	**twenty-five** t^uänti<u>feiw</u>
26	**twenty-six** t^uäntiss<u>ikss</u>
27	**twenty-seven** t^uäntiss<u>äwwön</u>
28	**twenty-eight** t^uäntiä<u>t</u>
29	**twenty-nine** t^uänti<u>nein</u>
30	**thirty** <u>θöhti</u>
31	**thirty-one** <u>θöhti^uann</u>
32	**thirty-two** <u>θöhtituh</u>
33	**thirty-three** <u>θöhtiθrie</u>
40	**forty** <u>fohti</u>
41	**forty-one** fohti^u<u>ann</u>
42	**forty-two** fohti<u>tuh</u>
43	**forty-three** fohti<u>θrie</u>
50	**fifty** <u>fifti</u>
51	**fifty-one** fifti^u<u>ann</u>
52	**fifty-two** fifti<u>tuh</u>
53	**fifty-three** fifti<u>θrie</u>
60	**sixty** <u>ssikssti</u>
61	**sixty-one** ssikkssti^u<u>ann</u>
62	**sixty-two** ssikssti<u>tuh</u>
63	**sixty-three** ssikssti<u>θrie</u>
70	**seventy** <u>ssäwwönti</u>
71	**seventy-one** ssäwwönti^u<u>ann</u>
72	**seventy-two** ssäwwönti<u>tuh</u>
80	**eighty** äⁱti
81	**eighty-one** äⁱti^u<u>ann</u>
82	**eighty-two** äⁱti<u>tuh</u>
90	**ninety** <u>nein</u>ti
91	**ninety-one** neinti^u<u>ann</u>
92	**ninety-two** neintit<u>uh</u>
100	**a hundred** ö <u>hand</u>röd

101	**a hundred and one** ö handröd ænd ᵁann
102	**a hundred and two** ö handröd ænd tuh
103	**a hundred and three** ö handröd ænd θrie
110	**a hundred and ten** ö handröd ænd tänn
120	**a hundred and twenty** ö handräd ænd tᵁänti
130	**a hundred and thirty** ö handröd ænd θöhti
140	**a hundred and forty** ö handröd ænd fohti
150	**a hundred and fifty** ö handröd ænd fifti
160	**a hundred and sixty** ö handröd ænd ssiksti
170	**a hundred and seventy** ö handröd ænd ssäwwönti
180	**a hundred and eighty** ö handröd ænd äᵗti
190	**a hundred and ninety** ö handröd ænd neinti
200	**two hundred** tuh handröd
300	**three hundred** θrie handröd
400	**four hundred** foh handröd
500	**five hundred** feiw handröd
600	**six hundred** ssikss handröd
700	**seven hundred** ssäwwön handröd
800	**eight hundred** äᵗt handröd
900	**nine hundred** nein handröd
1 000	**one thousand** ᵁann θausönd
1 100	**one thousand one hundred** ᵁann θausönd ᵁann handröd
1 200	**one thousand two hundred** ᵁann θausönd tuh handröd
1 300	**one thousand three hundred** ᵁann θausönd θrie handröd
2 000	**two thousand** tuh θausönd
5 000	**five thousand** feiw θausönd
10 000	**ten thousand** tänn θausönd

50 000	**fifty thousand** fifti θausönd	
100 000	**one hundred thousand** ^uann <u>han</u>dröd θausönd	
1 000 000	**one million** ^uann <u>mil</u>jön	
erste(r)	**first (1st)** föhsst	
zweite(r)	**second (2nd)** <u>ssäk</u>könd	
dritte(r)	**third (3rd)** θöhd	
vierte(r)	**fourth (4th)** fohθ	
fünfte(r)	**fifth (5th)** fifθ	
sechste(r)	**sixth** ssikssθ	
siebte(r)	**seventh** <u>ssä</u>wönθ	
achte(r)	**eighth** äⁱtθ	
neunte(r)	**ninth** neinθ	
zehnte(r)	**tenth** tänθ	
einmal	**once** ^uanss	
zweimal	**twice** t^ueiss	
dreimal	**three times** θrie teims	
die Hälfte	**half** hahf	
halb	**half** hahf	
ein Drittel	**one third** ^uann θöhd	
ein Viertel	**a quarter** ö k^u<u>oh</u>tö	
ein Dutzend	**a dozen** ö <u>da</u>sön	
ein Paar	**a pair (of)** ö päö (ow)	
Prozent	**per cent** pöh ssänt	
3,4%	**3.4 per cent** θrie peunt foh pöh ssänt	

Jahr und Alter   Year and age

Jahr	**year** jieö
Schaltjahr	**leap year** liep jieö
Jahrzehnt	**decade** <u>dä</u>käⁱd
Jahrhundert	**century** <u>ssän</u>tschöri
dieses Jahr	**this year** ðiss jieö
letztes Jahr	**last year** lahsst jieö
nächstes Jahr	**next year** näksst jieö

jedes Jahr	**every year** äwri jieö
vor zwei Jahren	**two years ago** tuh jieös ögoo^u
in einem Jahr	**in one year** in ^uann jieö
in den Achtzigerjahren	**in the eighties** in ði äⁱties
das 16. Jahrhundert	**the 16th century** ðö ssiksstienθ ssäntschöri
im 20. Jahrhundert	**in the 20th century** inn ðö t^uäntiöθ ssäntschöri
1981	**nineteen eighty-one** neintien äⁱti^uann
1992	**nineteen ninety-two** neintien neintituh
2003	**two thousand and three** tuh θausönd ænd θrie
Wie alt sind Sie?	**How old are you?** hau oo^uld ah juh
Ich bin 30 Jahre alt.	**I'm thirty years old.** eim θöhti jieös oo^uld
Er/Sie ist 1960 geboren.	**He/She was born in 1960.** hie/schie ^uos bohn inn neintiensssiksti
Kindern unter 16 Jahren ist der Zutritt verboten.	**Children under 16 are not admitted.** tschildrön andö ssiksstien ah nott ödmittöd

Jahreszeiten

Seasons

Frühling	**spring** sspring
Sommer	**summer** ssammö
Herbst	**autumn** ohtöm
Winter	**winter** ^uintö
im Frühling	**in spring** inn sspring
den ganzen Sommer lang	**all summer long** ohl ssammö long
Hochsaison	**peak season** piek ssiesön
Vor-/Nachsaison	**low season** loo^u ssiesön

Monate

Months

Januar	**January** dʒænjuöri
Februar	**February** fäbruöri
März	**March** mahtsch
April	**April** äⁱpril
Mai	**May** mäⁱ

Juni	**June** dʒuhn
Juli	**July** dʒulei
August	**August** ohgösst
September	**September** ssäptämbö
Oktober	**October** oktoo^ubö
November	**November** nowämbö
Dezember	**December** dissämbö
im September	**in September** inn ssäptämbö
seit Oktober	**since October** ssinss oktoo^ubö
Anfang Januar	**at the beginning of January** æt ðö bägining ow dʒænjuöri
Mitte Februar	**in the middle of February** inn ðö middöl ow fäbruöri
Ende März	**at the end of March** æt ði änd ow mahtsch
diesen Monat	**this month** ðiss manθ
im letzten Monat	**last month** lahsst manθ
drei Monate lang	**for three months** foh θrie manθss

Wochentage – Datum Days – Date

Welcher Tag ist heute?	**What day is it today?** ^uott däⁱ is itt tödäⁱ
Sonntag	**Sunday** ssandäⁱ
Montag	**Monday** mandäⁱ
Dienstag	**Tuesday** tjuhsdäⁱ
Mittwoch	**Wednesday** ^uänsdäⁱ
Donnerstag	**Thursday** θöhsdäⁱ
Freitag	**Friday** freidäⁱ
Samstag	**Saturday** ssætödäⁱ
Den Wievielten haben wir heute?	**What's the date today?** ^uottss ðö däⁱt tödäⁱ
Heute ist der 1. Juli.	**Today's the 1st of July.** tödäⁱs ðö föhsst ow dʒulei
Wir reisen am 5. Mai ab.	**We are leaving on the 5th of May.** ^uie ah liewing on ðö fiff^θ ow mäⁱ
morgens/vormittags	**in the morning** in ðö mohning

27

mittags	**at noon** æt nuhn
tagsüber	**during the day** djuhring ðö däⁱ
nachmittags	**in the afternoon** inn ði ahftönuhn
abends	**in the evening** in ði iewning
nachts	**at night** æt neit
vorgestern	**the day before yesterday** ðö däⁱ bifoh jässtödäⁱ
gestern	**yesterday** jässtödäⁱ
heute	**today** tödäⁱ
morgen	**tomorrow** tömorroo^u
übermorgen	**the day after tomorrow** ðö däⁱ ahftö tömorroo^u
vor zwei Tagen	**two days ago** tuh däⁱs ögoo^u
in drei Tagen	**in three days' time** in θrie däⁱs teim
letzte Woche	**last week** lahsst ^uiek
nächste Woche	**next week** näksst ^uiek
die Woche über	**during the week** djuhring ðö ^uiek
am Wochenende	**at the weekend** æt ðö ^uiekänd
Feiertag	**(public) holiday** (pablik) hollidäⁱ
Ferien	**holidays** hollidäⁱs
freier Tag	**day off** däⁱ off
Urlaub	**holidays** hollidäⁱs
Werktag	**working day** ^uöhking däⁱ

Grüße und Wünsche Greetings and wishes

Fröhliche Weihnachten!	**Merry Christmas!** märri krissmöss
Glückliches Neues Jahr!	**Happy New Year!** hæppi njuh jieö
Frohe Ostern!	**Happy Easter!** hæppi iesstö
Alles Gute zum Geburtstag!	**Happy Birthday!** hæppi böhθdäⁱ
Herzlichen Glückwunsch!	**Congratulations!** kongrætjuhläⁱschöns
Viel Glück!	**Good luck!** gudd lakk
Gute Reise!	**Have a good journey!** hæw ö gudd dʒöhni

Schöne Ferien!	**Have a good holiday!** hæw ö gudd hollidäⁱ
Ich wünsche Ihnen …	**I wish you …** ei ^uisch juh
Herzliche Grüße von/an …	**Best regards from/to …** bässt rig<u>a</u>hds fromm/tuh

Feiertage · Public holidays

	England und Wales	Schottland
New Year's Day	1. Januar	1. und 2. Januar
May Day Bank Holiday	erster Montag im Mai	erster Montag im Mai
Spring Bank Holiday	letzter Montag im Mai	letzter Montag im Mai
August Bank Holiday	letzter Montag im August	erster Montag im August
Christmas Day	25. Dezember	25. Dezember
Boxing Day	26. Dezember	26. Dezember
Bewegliche Feiertage:		
Karfreitag	*Good Friday*	*Good Friday*
Ostermontag	*Easter Monday*	(kein Feiertag)

In Nordirland gelten die gleichen Feiertage wie in England. Außerdem werden am 17. März *St. Patrick's Day* und am 12. Juli *Orangeman's Day* gefeiert.

Wie spät ist es? · What time is it?

Entschuldigung, könnten Sie mir sagen, wie spät es ist?	**Excuse me, could you tell me the time?** iks<u>skjuhs</u> mie kudd juh täll mie ðö teim
Es ist …	**It's …** itss
fünf nach eins	**five past one** feiw pahsst ^uann
zehn nach zwei	**ten past two** tänn pahsst tuh
Viertel nach drei	**a quarter past three** ö k^uohtö pahsst θrie
zwanzig nach vier	**twenty past four** t^uänti pahsst foh
fünf vor halb sechs	**twenty-five past five** t^uäntifeiw pahsst feiw
halb sieben	**half past six** hahf pahsst ssikss

fünf nach halb sieben	**twenty-five to seven** t^uäntifeiw tuh ssäwön
zwanzig vor acht	**twenty to eight** t^uänti tuh äⁱt
Viertel vor neun	**a quarter to nine** ö k^uohtö tuh nein
zehn vor zehn	**ten to ten** tänn tuh tänn
fünf vor elf	**five to eleven** feiw tuh iläwön
zwölf Uhr (Mittag/Mitternacht)	**twelve o'clock (noon/midnight)** t^uälw öklokk (nuhn/midneit)
Der Zug fährt um …	**The train leaves at …** ðö träⁱn liews æt
13.04 h	**1.04 pm**[1] ^uann oo^u fohr pie ämm
6.40 h	**6.40 am** ssikss fohti äⁱ ämm
in fünf Minuten	**in five minutes** inn feiw minnitss
in einer Viertelstunde	**in a quarter of an hour** inn ö k^uohtö ow ön auö
vor einer halben Stunde	**half an hour ago** hahf ön auö ögoo^u
etwa zwei Stunden	**about two hours** öbaut tuh auös
über zehn Minuten	**more than ten minutes** moh ðæn tänn minnitss
weniger als 30 Sekunden	**less than thirty seconds** läss ðæn θöhti ssäkönds
Die Uhr geht vor/nach.	**The clock is fast/slow.** ðö klokk is fahsst/ssloo^u
Es tut mir Leid, dass ich mich verspätet habe.	**I'm sorry to be late.** eim ssorri tuh bie läⁱt
früh/spät	**early/late** öhli/läⁱt
rechtzeitig, pünktlich	**on time** onn teim

---

[1] In Großbritannien benutzt man selten die 24-Stunden-Uhr, sondern meistens die 12-Stunden-Uhr. Um dennoch zu differenzieren, sagt man z.B. *10 o'clock in the evening* bzw. *10 o'clock in the morning.* Oder man fügt für die Zeit von Mitternacht bis Mittag *am* hinzu, von Mittag bis Mitternacht *pm*: *3 am* = 3 Uhr nachts; *3 pm* = 15 Uhr.

AA	Automobile Asso-ciation	Britischer Automobilklub
AD	Anno Domini	nach Christus
am	ante meridiem	vormittags (bei Zeitan-gaben von 0 bis 12 Uhr)
BBC	British Broadcast-ing Corporation	Britische Rundfunk-anstalt
BC	before Christ	vor Christus
BR	British Rail	Britische Eisenbahn
Brit.	Britain; British	Großbritannien; britisch
c/o	care of	bei (*in Adressangaben*)
Co.	company	(Handels)gesellschaft
dept.	department	Abteilung
EU	European Union	Europäische Union
e. g.	for example	zum Beispiel/z.B.
excl.	excluding; exclusive	ausschließlich; nicht inbegriffen
F	Fahrenheit	Grad Fahrenheit
ft.	foot/feet	Fuß (1 Fuß = 30,5 cm)
hp	horsepower	PS (Pferdestärken)
i. e.	that is to say (**id est**)	das heißt/d.h.
MD	Doctor of Medicine	Dr. med.
MP	Member of Parlia-ment	Mitglied des Parlaments
mph	miles per hour	Meilen pro Stunde
Mr	Mister	Herr
Mrs	(*Anrede für verhei-ratete Frauen*)	Frau
Ms	(*Anrede für Frauen, deren Familienstand man nicht kennt oder die diese Anrede wünschen*)	Frau
p.	page; penny/pence	Seite; Penny
pm	post meridiem	nachmittags (bei Zeitan-gaben von 12 bis 0 Uhr)
PO box	post office box	Postfach
PTO.	please turn over	bitte wenden
RAC	Royal Automobile Club	Britischer Automobilklub

Rd	road	Straße/Str.
st.	street	Straße/Str.
UK	United Kingdom	Vereinigtes Königreich (von Großbritannien und Nordirland)
VAT	value-added tax	Mehrwertsteuer

Schilder und Hinweise Signs and notices

Beware of the dog	Warnung vor dem Hund
Cash desk	Kasse
Caution	Vorsicht
Closed	Geschlossen
Cold	Kalt
Danger	Gefahr
Do not block entrance	Eingang freihalten
Do not disturb	Bitte nicht stören
Do not touch	Nicht berühren
Emergency exit	Notausgang
Entrance	Eingang
Exit	Ausgang
For hire	Zu vermieten
For sale	Zu verkaufen
… (strictly) forbidden/prohibited	… (streng) verboten
Free admittance	Eintritt frei
Gentlemen	Herren
Hot	Heiß
Information	Auskunft
Ladies	Damen
No admittance	Kein Zutritt
No littering	Abfälle wegwerfen verboten
No smoking	Rauchen verboten
No vacancies	Belegt

Occupied	Besetzt
Open	Offen
Out of order	Außer Betrieb
Please ring	Bitte läuten
Please wait	Bitte warten
Private	Privat
Private road	Privatstraße
Pull	Ziehen
Push	Drücken
Reserved	Reserviert
Sale	Ausverkauf
Sold out	Ausverkauft
To let	Zu vermieten (*an Häusern*)
Trespassers will be prosecuted	Betreten bei Strafe verboten
Wet paint	Frisch gestrichen

Notfall   Emergency

Unter der gebührenfreien Rufnummer 999 können Sie in Notfällen jederzeit die Polizei, die Feuerwehr oder einen Krankenwagen rufen.

Achtung!	**Look out!** lukk aut
Beeilen Sie sich!	**Hurry up!** harri app
FEUER!	**FIRE!** feiö
Gas!	**Gas!** gæss
GEFAHR	**DANGER** dä'ndʒö
GIFT	**POISON** peusön
HALT!	**STOP!** sstopp
Haltet den Dieb!	**Stop, thief!** sstopp θief
HILFE!	**HELP!** hälp
Holen Sie schnell Hilfe!	**Get help quickly!** gätt hälp kᵘikkli
Ich bin krank.	**I'm ill.** eim ill
Ich habe mich verirrt.	**I'm lost.** eim losst
Lassen Sie mich in Ruhe!	**Leave me alone!** liew mie öloo<u>ᵘ</u>n

POLIZEI! **POLICE!** pöliess

Rufen Sie die Polizei! **Call the police!** kohl ðö pöliess

Rufen Sie einen Arzt/einen Krankenwagen! **Call a doctor/an ambulance!** kohl ö doktö/ön æmbjulönss

Schnell! **Quick!** k^{u}ikk

Vorsicht! **Careful!** kääful

Fundsachen – Diebstahl Lost property – Theft

Wo ist das Fundbüro/ die Polizeiwache? **Where's the lost property office/ the police station?** ^{u}äös ðö losst proppöti offiss/ðö pöliess sstä'schön

Ich möchte einen Diebstahl anzeigen. **I'd like to report a theft.** eid leik tuh ripoht ö θäft

… ist mir gestohlen worden. **… has been stolen.** … hæs bien sstoo^{u}lön

Ich habe … verloren. **I've lost …** eiw losst

meine Brieftasche **my wallet** mei ^{u}ollit

mein Geld **my money** mei manni

meine Handtasche **my handbag** mei hændbæg

meinen Pass **my passport** mei pahsspoht

Ankunft

Reisedokumente   ID papers

Besucher aus Deutschland und Österreich benötigen für die Einreise nach Großbritannien lediglich den Personalausweis (Schweizer die nationale Identitätskarte) oder den Reisepass mit noch mindestens sechs Monaten Gültigkeit.

Hier ist mein(e) …	**Here's my …** hieös mei
Pass	**passport** pahsspoht
Personalausweis (Identitätskarte)	**identity card** eidäntiti kahd
Führerschein	**driving licence** dreiwing leissönss
grüne Versicherungskarte (in GB, für Auto)	**green card**[1] grien kahd
Hier sind meine Fahrzeugpapiere.	**Here are my car registration papers.** hieör ah mei kah rödʒissträ'schön pä'pös
Ich bleibe …	**I'll be staying …** eil bie sstä'ing
einige Tage	**a few days** ö fjuh dä's
eine Woche	**a week** ö ᵘiek
einen Monat	**a month** ö manθ
Ich weiß es noch nicht.	**I don't know yet.** ei dooᵘnt nooᵘ jätt
Ich bin geschäftlich hier.	**I'm here on business.** eim hieö onn bisniss
Ich bin auf der Durchreise.	**I'm just passing through.** eim dʒasst pahssing θruh
Ich mache hier Ferien/besuche einen Sprachkurs.	**I'm here on holiday/for a language course.** eim hieö onn hollidä'/foh ö længgᵘidʒ kohss

Sollte es Schwierigkeiten geben:

Es tut mir Leid, ich verstehe nichts.	**I'm sorry, I don't understand.** eim ssorri ei dooᵘnt andösstænd

---

[1] In den USA dagegen bezeichnet man mit *green card* die Aufenthaltsgenehmigung.

| Spricht hier jemand Deutsch? | **Does anyone here speak German?** das änni^uan hie^ö sspiek dʒöhmön |

Zoll | **Customs**

Ich habe nichts zu verzollen.	**I've nothing to declare.** eiw naθing tuh dikläö
Ich habe …	**I have …** ei hæw
eine Flasche Whisky	**a bottle of whisky** ö bottöl ow ^uisski
eine Stange Zigaretten	**a carton of cigarettes** ö kahtön ow ssigörätss
Es ist für meinen persönlichen Gebrauch.	**It's for my personal use.** itss foh mei pöhssönöl juhss
Es ist nicht neu.	**It's not new.** itss nott njuh
Das ist ein Geschenk.	**This is a gift.** ðiss is ö gift

Das hören Sie

Your passport, please.	Ihren Pass, bitte.
Your passport is no longer valid.	Ihr Pass ist nicht mehr gültig.
Do you have anything to declare?	Haben Sie etwas zu verzollen?
Please open this bag.	Öffnen Sie bitte diese Tasche.
You'll have to pay duty on this.	Dieser Artikel ist zollpflichtig.
Do you have any more luggage?	Haben Sie noch mehr Gepäck?

Gepäck | **Luggage**

Wo stehen die Kofferkulis?	**Where are the luggage trolleys?** ^uäö rah ðö laggidʒ trollis
Wo ist die Gepäckaufbewahrung?	**Where is the left-luggage office?** ^uäö ris ðö läftlaggidʒ offiss
Wo sind die Gepäckschließfächer?	**Where are the luggage lockers?** ^uäö rah ðö laggidʒ lokkös
Nehmen Sie bitte …	**Please take …** plies täⁱk
dieses Gepäck	**this luggage** ðiss laggidʒ

meinen Koffer	**my suitcase** mei ssuhtkä¹ss
meine Tasche	**my bag** mei bæg
Bringen Sie dieses Gepäck bitte zum Bus/Taxi.	**Take this luggage to the bus/taxi, please.** tä¹k diss laggidʒ tuh dö bass/tækssi plies
Wie viel macht das?	**How much is that?** hau matsch is dæt
Es fehlt ein Gepäckstück.	**There's one piece missing.** däös ᵘann piess missing

Geld Money

Banken sind im Allgemeinen montags bis freitags von 9.30 bis 16.30 Uhr geöffnet, manche auch samstags von 9.30 bis 13.30 Uhr; Geldautomaten sind rund um die Uhr in Betrieb. Wechselstuben haben längere Öffnungszeiten und sind oft auch an Wochenenden geöffnet; dafür sind in der Regel ihre Gebühren höher.

Wo ist die nächste Bank/Wechselstube?	**Where's the nearest bank/currency exchange office?** ᵘäös dö nieörisst bænk/karrässi iksstschä¹ndʒ offiss
Wo ist der nächste Geldautomat?	**Where's the nearest cash dispenser?** ᵘäös dö nieörösst kæsch disspänssö
Können Sie diese Reiseschecks einlösen?	**Can you cash these traveller's cheques?** kæn juh kæsch dies trǽwölös tschäkss
Ich möchte ... wechseln.	**I'd like to change some ...** eid leik tuh tschä¹ndʒ ssamm
Euro	**euros** juhrooᵘs
Schweizer Franken	**Swiss francs** ssᵘiss frænkss
Wie ist der Wechselkurs?	**What's the exchange rate?** ᵘotss di iksstschä¹ndʒ rä¹t
Nehmen Sie Kreditkarten?	**Do you accept credit cards?** duh juh ökssäpt krädditt kahds

Wo ist ...? Where is ...?

| Wo finde ich ein Taxi? | **Where can I get a taxi?** ᵘäö kæn ei gätt ö tækssi |
| Wo kann ich ein Auto mieten? | **Where can I hire a car?** ᵘäö kæn ei heiö ö kah |

Wie komme ich nach/zu …?	**How do I get to …?** hau duh ei gätt tuh
Fährt ein Bus ins Stadtzentrum?	**Is there a bus into town?** is ðäör ö bass inntuh taun
Wo ist der/die/das …?	**Where is …?** ^uäö ris
Bahnhof	**the (railway) station** ðö (rä<u>il</u>u ä<u>i</u>) sstä<u>i</u>schön
Bushaltestelle	**the bus stop** ðö bass sstopp
Fahrkartenschalter	**the ticket office** ðö <u>ti</u>kkitt offiss
Fremdenverkehrsbüro	**the tourist office** ðö <u>tu</u>hrisst <u>o</u>ffiss
Informationsschalter	**the information desk** ði infohmä<u>i</u>schön dässk
Vorverkaufsstelle	**the booking office** ðö <u>bu</u>kking <u>o</u>ffiss
Postamt	**the post office** ðö poo^usst <u>o</u>ffiss
U-Bahn	**the underground**[1] ði <u>a</u>ndögraund

Hotelreservierung — Hotel reservation

Haben Sie einen Hotelführer?	**Do you have a hotel guide?** duh juh hæw ö hoo^utäll geid
Können Sie mir ein Zimmer reservieren?	**Could you reserve a room for me?** kudd juh ris<u>öw</u> ö ruhm foh mie
im Zentrum	**in the centre** in ðö <u>ss</u>äntö
in Bahnhofsnähe	**near the railway station** <u>nie</u>ö ðö rä<u>il</u>u ä<u>i</u> <u>ss</u>tä<u>i</u>schön
ein Einzelzimmer	**a single room** ö <u>ss</u>ingöl ruhm
ein Doppelzimmer	**a double room** ö <u>da</u>bböl ruhm
nicht zu teuer	**not too expensive** nott tuh ikss<u>pä</u>nssiw
Wo liegt das Hotel/die Pension?	**Where is the hotel/the guest house?** ^uäö ris ðö hoo^utäll/ðö gässt hauss
Was kostet eine Übernachtung?	**What's the price per night?** ^uottss ðö preiss pöh neit
Haben Sie nichts Billigeres?	**Don't you have anything cheaper?** doo^unt juh hæw änniθing <u>tschie</u>pö
Haben Sie einen Stadtplan?	**Do you have a street map?** duh juh hæw ö sstriet mæp

---

[1]In London bezeichnet man die U-Bahn umgangssprachlich auch als *tube* (Röhre), in den USA immer als *subway*.

Autoverleih   Car hire

Bei den meisten Autoverleihfirmen gehören ein Mindestalter des Fahrers sowie dessen mindestens zwölfmonatiger Führerscheinbesitz zu den Voraussetzungen.

Ich möchte ein Auto mieten.	**I'd like to hire a car.** eid leik tuh heiö ö kah
ein kleines/mittleres/großes Auto	**a small/medium-sized/large car** ö ssmohl/miediöm-sseisd/lahdʒ kah
mit Automatik	**an automatic** ön ohtomætikk
für einen Tag/eine Woche	**for a day/a week** fohr ö däi/ö uiek
Was kostet es pro Tag/Woche?	**What's the charge per day/week?** uotss öö tschahdʒ pö däi/uiek
Gibt es Wochenendpauschalen?	**Are there any weekend arrangements?** ah ðäö ränni uiekänd öräindʒmöntss
Haben Sie Sondertarife?	**Do you have any special rates?** duh juh hæw änni sspäschöll rätss
Ist das Kilometergeld inbegriffen?	**Is mileage included?** is meilidʒ inkluhdid
Wie viel kostet es pro Meile[1]?	**What's the charge per mile?** uotss öö tschahdʒ pö meil
Ich möchte eine Vollkaskoversicherung.	**I want full insurance.** ei uant full inschuhrönss
Wie hoch ist die Kaution?	**What's the deposit?** uotss öö dipositt
Ich habe eine Kreditkarte.	**I have a credit card.** ei hæw ö krädditt kahd
Hier ist mein Führerschein.	**Here's my driving licence.** hieös mei dreiwing leissönss
Ich will den Wagen in … zurückgeben.	**I want to leave the car in …** ei uant tuh liew öö kah inn

---

[1] 1 Meile = 1,6 km   1 km = 0,6 Meilen

Taxi

Taxi

Man kann ein Taxi auf der Straße anhalten, aber es gibt auch Taxi-stände. Private Kleintaxis (*minicabs*) können telefonisch bestellt werden. Sie fahren zu festen Preisen und sind vor allem bei längeren Strecken günstiger.

Wo finde ich ein Taxi?	**Where can I get a taxi?** ᵘäö kæn ei gätt ö <u>tæ</u>kssi
Besorgen Sie mir bitte ein Taxi.	**Please get me a taxi.** plies gätt mie ö <u>tæ</u>kssi
Was kostet die Fahrt bis …?	**What's the fare to …?** ᵘottss ðö <u>fä</u>ö tuh
Wie weit ist es bis …?	**How far is it to …?** hau fah ris itt tuh
Bringen Sie mich …	**Take me to …** tä^ık mie tuh
zu dieser Adresse	**this address** ðiss ö<u>drä</u>ss
zum Bahnhof	**the station** ðö <u>sstä</u>ıschön
zum Flughafen	**the airport** ði <u>äö</u>poht
zum Hafen	**the port** ðö poht
zum Hotel …	**the … Hotel** ðö … hooᵘ<u>täll</u>
zum Krankenhaus	**the hospital** ðö <u>hoss</u>pitöl
ins Stadtzentrum	**the town centre** ðö taun <u>ssä</u>ntö
Ich habe es eilig.	**I'm in a hurry.** eim inn ö <u>ha</u>rri
Biegen Sie an der nächsten Ecke … ab.	**Turn … at the next corner.** töhn … æt ðö näksst <u>koh</u>nö
links/rechts	**left/right** läft/reit
Fahren Sie geradeaus.	**Go straight ahead.** gooᵘ sst'rä^ıt ö<u>häd</u>d
Bitte halten Sie hier an.	**Stop here, please.** sstopp <u>hie</u>ö plies
Könnten Sie bitte langsamer fahren?	**Could you drive more slowly, please?** kudd juh dreiw moh <u>ssloo</u>ᵘli plies
Könnten Sie mir beim Gepäcktragen helfen?	**Could you help me carry my luggage?** kudd juh hälp mie <u>kæ</u>ri mei <u>la</u>ggidʒ
Würden Sie bitte auf mich warten?	**Would you wait for me, please?** ᵘudd juh ᵘä^ıt foh mie plies
Ich bin in zehn Minuten zurück.	**I'll be back in ten minutes.** eil bie bæk inn tänn <u>mi</u>nnitss

Hotel – Unterkunft

Vor allem während der Hochsaison empfiehlt sich eine frühzeitige Hotelreservierung. Falls Sie nicht vorbestellt haben, wenden Sie sich nach der Ankunft an das örtliche Fremdenverkehrsamt (*tourist information office*).

Hotel
hoo^utäll

Großbritannien verfügt über ein vielseitiges Angebot an Hotels in verschiedenen Preislagen. Nach internationalem Maßstab sind britische Hotels im Durchschnitt eher als teuer einzustufen.

Bed and breakfast (B & B)
bädd ænd bräkfösst
(bie ænd bie)

Wörtlich „Bett und Frühstück": einfache, aber preiswerte Unterkunftsmöglichkeit in Privathaushalten, die Ihnen außerdem Gelegenheit bietet, einen Blick in ein britisches Heim zu werfen. Vorbestellen ist nicht nötig.

Guest house/Inn
gässt hauss/inn

Einfache Pension bzw. Landgasthaus, das weniger Komfort bietet, aber billiger als ein Hotel ist.

Youth hostel
juhθ hosstöl

Es gibt allein in England über 400 Jugendherbergen. Vor allem in den Sommermonaten empfiehlt es sich, frühzeitig zu reservieren.

Können Sie mir ein Hotel/eine Pension empfehlen?
Can you recommend a hotel/guest house? kæn juh räkömänd ö hoo^utäll/gässt hauss

Gibt es hier in der Nähe eine Jugendherberge?
Is there a youth hostel near here? is ðäör ö juhθ hosstöl nieö hieö

Kann ich ... mieten?
Can I rent ...? kæn ei ränt

ein Ferienhaus
a holiday cottage ö hollidäⁱ kottidʒ

einen Bungalow
a bungalow ö bangöloo^u

eine Wohnung
a flat ö flæt

Empfang

Reception

Haben Sie noch freie Zimmer?
Do you have any vacancies? duh juh hæw änni wäⁱkänssies

Mein Name ist ...
My name is ... mei näⁱm is

Ich habe reserviert.	**I have a reservation.** ei hæw ö räsöwä'schön
Wir haben zwei Zimmer reserviert.	**We've reserved two rooms.** ᵘiew risöwd tuh ruhms

---

(NO) VACANCIES
(KEINE) ZIMMER FREI

Hier ist die Bestätigung.	**Here's the confirmation.** hieös ðö konfömä'schön
Ich hätte gern …	**I'd like …** eid leik
ein Einzelzimmer	**a single room** ö ssinggöl ruhm
ein Doppelzimmer	**a double room** ö dabböl ruhm
ein Zweibettzimmer	**a twin-bedded room** ö tᵘinn bädid ruhm
zwei Einzelbetten	**twin beds** tᵘinn bäds
ein Doppelbett / französisches Bett	**a double bed** ö dabböl bädd
Wir hätten gern ein Zimmer …	**We'd like a room …** ᵘied leik ö ruhm
nach vorne hinaus.	**at the front** æt ðö frant
nach hinten hinaus.	**at the back** æt ðö bæk
mit Blick aufs Meer / auf den See	**overlooking the sea/the lake** ooᵘwölukking ðö ssie/ðö lä'k
mit Bad	**with a bath** ᵘið ö bahθ
mit Dusche	**with a shower** ᵘið ö schauö
mit Balkon	**with a balcony** ᵘið ö bælköni
Es muss ruhig sein.	**It must be quiet.** itt masst bie kᵘeiöt
Gibt es …?	**Is there …?** is ðäö
eine Klimaanlage	**air conditioning** äö kondischöning
Radio/Fernsehen	**radio/television** rä'dijooᵘ/täliwiჳön
im Zimmer	**in the room** inn ðö ruhm
eine eigene Toilette	**a private toilet** ö preiwitt teulitt
einen Wäschedienst	**a laundry service** ö lohndri ssöhwiss
Zimmerservice	**room service** ruhm ssöhwiss

| Könnten Sie noch ein Bett/Kinderbett ins Zimmer stellen? | **Could you put an extra bed/a cot in the room?** kudd juh putt ön äksströ bädd/ö kott inn ðö ruhm |

Wie viel? | How much?

Wie viel kostet es …?	**What's the price …?** ^uotss ðö preiss
pro Nacht	**per night** pöh neit
pro Woche	**per week** pöh ^uiek
für eine Übernachtung mit Frühstück	**for bed and breakfast** foh bädd ænd bräkfösst
ohne Mahlzeiten	**excluding meals** iksskluhding miels
mit Halbpension	**for half board** foh hahf bohd
mit Vollpension	**for full board** foh full bohd
Ist das Frühstück inbegriffen?	**Is breakfast included?** is bräkfösst inkluhdid
Gibt es eine Ermäßigung für Kinder?	**Is there any reduction for children?** is ðäö änni ridakschön foh tschildrön
Berechnen Sie etwas für das Baby?	**Do you charge for the baby?** duh juh tschahdʒ foh ðö bäïbi
Das ist zu teuer.	**It's too expensive.** itss tuh iksspänssiw
Haben Sie nichts Billigeres?	**Don't you have anything cheaper?** doo^unt juh hæw änniθing tschiepö

Wie lange? | How long?

Wir bleiben …	**We'll be staying …** ^uiel bie sstäïing
nur diese Nacht	**overnight only** oo^uwöneit oo^unli
ein paar Tage	**a few days** ö fjuh däïs
eine Woche	**a week** ö ^uiek
Ich weiß es noch nicht.	**I don't know yet.** ei doo^unt noo^u jätt

Entscheidung | Decision

Kann ich das Zimmer sehen?	**May I see the room?** mäï ei ssie ðö ruhm
Gut, ich nehme es.	**Fine, I'll take it.** fein eil täïk itt
Nein, es gefällt mir nicht.	**No, I don't like it.** noo^u ei doo^unt leik itt

Es ist zu …	**It's too …** itss tuh
dunkel/klein/laut	**dark/small/noisy** dahk/ssmohl/<u>neu</u>si
Ich habe ein Zimmer mit Bad bestellt.	**I asked for a room with a bath.** ei ahsskt foh ö ruhm ^uið ö bahθ
Haben Sie etwas …?	**Do you have anything …?** duh juh hæw ännıθing
Besseres	**better** <u>bätt</u>ö
Billigeres	**cheaper** <u>tschiep</u>ö
Größeres	**bigger** <u>bigg</u>ö
Ruhigeres	**quieter** k^u<u>eiöt</u>ö
Haben Sie ein Zimmer mit schönerer Aussicht?	**Do you have a room with a better view?** duh juh hæw ö ruhm ^uið ö <u>bätt</u>ö wjuh

Anmeldung   Registration

Name/First name	Name/Vorname
Home address/Street/Number	Wohnort/Straße/Hausnummer
Nationality/Occupation	Nationalität/Beruf
Date/Place of birth	Geburtsdatum/-ort
Passport number	Passnummer
Place/Date	Ort/Datum
Signature	Unterschrift

| Was bedeutet das? | **What does this mean?** ^uott das ðiss mien |

Das hören Sie

May I see your passport, please?	Kann ich bitte Ihren Pass sehen?
Would you mind filling in this registration form?	Würden Sie bitte das Anmeldeformular ausfüllen?
Please sign here.	Unterschreiben Sie bitte hier.
How long will you be staying?	Wie lange bleiben Sie?

Allgemeine Wünsche General requirements

Welche Zimmernummer habe ich?	**What's my room number?** ᵘotss mei ruhm nambö
Würden Sie bitte unser Gepäck hinaufbringen lassen?	**Will you have our luggage sent up, please?** ᵘill juh hæw auö laggidʒ ssänt app plies
Wo kann ich meinen Wagen parken?	**Where can I park my car?** ᵘäö kæn ei pahk mei kah
Gibt es eine Hotelgarage?	**Does the hotel have a garage?** das ðö hooᵘtäll hæw ö gærridʒ
Ich möchte dies in Ihrem Safe deponieren.	**I'd like to leave this in your safe.** eid leik tuh liew ðiss inn joh ssäf
Kann ich bitte den Schlüssel haben?	**Can you give me the key, please?** kæn juh giw mie ðö kie plies
Zimmer 19.	**Room nineteen.** ruhm neintien
Können Sie mich bitte um … wecken?	**Will you wake me at …, please?** ᵘill juh ᵘäᵢk mie æt … plies
Wann gibt es Frühstück?	**When is breakfast served?** ᵘänn is bräkfösst ssöhwd
Können wir in unserem Zimmer frühstücken?	**Can we have breakfast in our room?** kæn ᵘie hæw bräkfösst inn auö ruhm
Gibt es auf dieser Etage ein Bad?	**Is there a bathroom on this floor?** is ðäö ö bahθruhm on ðiss floh
Welche Stromspannung haben Sie hier?	**What's the voltage here?** ᵘotss ðö woltidʒ hieö
Kann ich bitte … haben?	**May I have …, please?** mäᵢ ei hæw … plies
einen Aschenbecher	**an ashtray** ön æschträᵢ
ein Badetuch	**a bath towel** ö bahθ tauöl
Briefpapier	**some note paper** ssamm nooᵘt päᵢpö
ein paar Briefumschläge	**some envelopes** ssamm änwilooᵘpss
(noch) eine Decke	**a(n extra) blanket** ö(n äksstrah) blænkitt
Eiswürfel	**some ice cubes** ssamm eiss kjuhbs
ein Handtuch	**a towel** ö tauöl
Kleiderbügel	**some hangers** ssamm hængös
ein extra Kopfkissen	**an extra pillow** ön äksstrah pillooᵘ

eine Leselampe	**a reading lamp** ö <u>ri</u>eding læmp
Nadel und Faden	**a needle and thread** ö <u>nie</u>döl ænd θrädd
Schreibpapier	**some writing paper** ssamm <u>rei</u>ting päⁱpö
Seife	**some soap** ssamm ssoo^up
eine Wärmflasche	**a hot-water bottle** ö hott-^uohtö <u>bo</u>ttöl
Wo ist der/die/das …?	**Where's …?** ^uäös
Badezimmer	**the bathroom** ðö bah<u>θ</u>ruhm
Fahrstuhl	**the lift** ðö lift
Friseur	**the hairdresser's** ðö h<u>ä</u>ödrässöhs
Notausgang	**the emergency exit** ði ä<u>möh</u>dʒönssi äkssitt
Speisesaal	**the dining room** ðö <u>dei</u>ning ruhm
Toilette	**the toilet** ðö <u>teu</u>litt
Können Sie mir einen Babysitter besorgen?	**Can you find me a babysitter?** kæn juh feind mie ö <u>bä</u>ibissittö

Hotelpersonal   Hotel staff

Direktor	**manager** <u>mæ</u>nidʒö
Empfangschef(in)	**receptionist** riss<u>ä</u>pschönisst
Kellner	**waiter** ^uä<u>i</u>tö
Kellnerin	**waitress** ^uä<u>i</u>tröss
Hausdiener	**hall porter** hohl <u>poh</u>tö
Zimmermädchen	**maid** mäⁱd

Telefon – Post   Telephone – Post

Haben Sie Briefmarken?	**Do you have any stamps?** duh juh hæw änni sstæmpss
Würden Sie das bitte für mich aufgeben?	**Would you post this for me, please?** ^uudd juh poo^usst ðiss foh mie plies
Sind Briefe/Faxe für mich angekommen?	**Are there any letters/faxes for me?** ah ðäö <u>rä</u>nni <u>lä</u>ttös/<u>fæ</u>kssis foh mie
Hat jemand eine Nachricht für mich hinterlassen?	**Are there any messages for me?** ah ðäö <u>rä</u>nni <u>mä</u>ssidʒis foh mie

| Wie hoch ist meine Telefonrechnung? | **How much is my telephone bill?** hau matsch is mei <u>tä</u>lifoo^un bill |
| Kann ich ein Fax schicken? | **Can I send a fax?** kæn ei ssänd ö fækss |

Schwierigkeiten

Difficulties

Der/Die/Das … funktioniert nicht.	**The … doesn't work.** ðö … <u>da</u>zönt ^uöhk
Fernseher	**television** <u>tä</u>liwi<u>ʒ</u>ön
Heizung	**heating** <u>hie</u>ting
Klimaanlage	**air conditioning** äö kon<u>d</u>ischöning
Licht	**light** leit
Radio	**radio** <u>rä</u>'dijoo^u
Der Wasserhahn tropft.	**The tap is dripping.** ðö tæp is <u>dri</u>pping
Es kommt kein warmes Wasser.	**There's no hot water.** <u>ðä</u>ös noo^u hott ^uohtö
Das Waschbecken ist verstopft.	**The washbasin is blocked.** ðö ^uoschbäⁱsön is blokt
Das Fenster/Die Tür klemmt.	**The window/The door is jammed.** ðö ^uindoo^u/ðö doh is dʒæmd
Der Vorhang klemmt.	**The curtain is stuck.** ðö <u>köh</u>tn is sstakk
Die Birne ist durchgebrannt.	**The bulb is burned out.** ðö balb is böhnt aut
Mein Zimmer ist noch nicht gemacht worden.	**My room hasn't been prepared.** mei ruhm <u>hæ</u>sönt bien pri<u>pä</u>öd
Der/Die … ist kaputt.	**The … is broken.** ðö … is <u>broo</u>^ukön
Fensterladen	**shutter** <u>scha</u>ttö
Lampe	**lamp** læmp
Rollladen	**blind** bleind
Schalter	**switch** ss^uitsch
Steckdose	**socket** <u>sso</u>kkitt
Stecker	**plug** plagg
Können Sie es reparieren lassen?	**Can you get it repaired?** kæn juh gätt itt ri<u>pä</u>öd

Wäscherei – Chemische Reinigung
Laundry – Dry cleaner's

Ich möchte diese Kleidungsstücke … lassen.	**I want these clothes …** ei ᵁant ðies klooᵁðs
bügeln	**ironed** eiönd
reinigen	**cleaned** kliend
waschen	**washed** ᵁoscht
Wann sind sie fertig?	**When will they be ready?** ᵁänn ᵁill ðäi bie räddi
Ich brauche sie …	**I need them …** ei nied ðämm
heute	**today** tödäi
heute Abend	**tonight** töneit
morgen	**tomorrow** tömorrooᵁ
vor Freitag	**before Friday** bifoh freidäi
Können Sie das flicken/nähen?	**Can you mend/stitch this?** kän juh mänd/sstitsch ðiss
Können Sie diesen Knopf annähen?	**Can you sew on this button?** kän juh ssöu onn ðiss battön
Können Sie diesen Fleck herausbekommen?	**Can you get this stain out?** kän juh gätt ðiss sstäⁱn aut
Können Sie das kunststopfen?	**Can this be invisibly mended?** kän ðiss bie inwisibli mändid
Ist meine Wäsche fertig?	**Is my laundry ready?** is mei lohndri räddi
Das gehört mir nicht.	**This isn't mine.** ðiss isönt mein
Es fehlt etwas.	**There's something missing.** ðääs ssamθing missing
Da ist ein Loch drin.	**There's a hole in this.** ðääs ä hooᵁl inn ðiss

Friseur – Kosmetiksalon Hairdresser's – Beauty salon

Gibt es im Hotel einen Friseur/Kosmetiksalon?	**Is there a hairdresser's/beauty salon in the hotel?** is ðää ö häödrässös/bjuhti ssælon in ðö hoo^utäll

Gibt es im Hotel einen Friseur/Kosmetiksalon?
Is there a hairdresser's/beauty salon in the hotel? is ðää ö häödrässös/bjuhti ssælon in ðö hoo^utäll

Kann ich mich für Freitag anmelden?
Can I make an appointment for Friday? kän ei mäⁱk önn öpeuntmönt foh freidäⁱ

Waschen und Legen, bitte.
I'd like a shampoo and set, please. eid leik ö schæmpuh ænd ssätt plies

Bitte einmal Haare schneiden.
I'd like a haircut, please. eid leik ä häökatt plies

ein paar Strähnchen
some highlights ssamm heileitss

Föhnen
a blow-dry ö bloo^u-drei

eine Dauerwelle
a perm ö pöhm

eine Farbspülung
a colour rinse ö kallö rinss

Färben
a dye ö dei

eine Frisur
a hairstyle ö häössteil

eine Gesichtsmaske
a face-pack ö fäⁱss-päkk

Haarfestiger
setting lotion ssätting loo^uschön

Haargel
some hair gel ssamm häö dʒäl

eine Maniküre
a manicure ö mænikjuhö

mit Pony
with a fringe ^uið ö frindʒ

Den Scheitel links/rechts/in der Mitte.
The parting on the left/right/in the middle. ðö pahting onn ðö läft/reit/inn ðö middöl

Ich möchte ein Shampoo für ... Haare.
I'd like a shampoo for ... hair. eid leik ö schæmpuh foh ... häö

normale/trockene/fettige
normal/dry/greasy nohmöl/drei/griessi

Nicht zu kurz.
Don't cut it too short. doo^unt katt itt tuh schoht

Nur die Spitzen schneiden, bitte.
Just trim the ends, please. dʒasst trimm ði änds plies

... ein bisschen kürzer
A little more off the ... ö littöl moh off ðö

Hinten/Oben
back/top bæk/topp

Im Nacken
neck näkk

An den Seiten
sides sseids

Bitte kein Haarspray. **I don't want any hairspray, please.**
ei doo^unt ^uänt änni häösspräⁱ plies

Rasieren, bitte. **I'd like a shave, please.**
eid leik ö schä'w plies

Bitte stutzen Sie mir … **Would you trim …, please?**
^uudd juh trimm … plies

den Bart **my beard** mei bieöd

die Koteletten **my sideboards** mei sseidbohds

den Schnurrbart **my moustache** mei mösstahsch

Abreise **Checking out**

Kann ich bitte meine **May I have my bill, please?**
Rechnung bekommen? mä' ei hæw mei bill plies

Ich reise morgen früh ab. **I'm leaving early in the morning.**
eim liewing öhli inn ðö mohning

Machen Sie bitte meine **Please have my bill ready.**
Rechnung fertig. plies hæw mei bill räddi

Wir werden gegen Mittag **We'll be checking out around noon.**
abreisen. ^uiel bie tschäkking aut öraund nuhn

Ich muss sofort **I must leave at once.**
abreisen. ei masst liew æt ^uanss

Ist alles inbegriffen? **Is everything included?**
is äwriθing inkluhdid

Kann ich mit Kreditkarte **Can I pay by credit card?**
zahlen? kæn ei pä' bei kräddit kahd

Ich glaube Sie haben **I think there's a mistake in the bill.**
sich verrechnet. ei θink ðäös ö misstä'k inn ðö bill

Können Sie uns ein Taxi **Can you get us a taxi?**
bestellen? kæn juh gätt ass ö tækssi

Könnten Sie unser **Could you have our luggage brought**
Gepäck herunterbringen **down?** kudd juh hæw auö laggidʒ broht
lassen? daun

Es war ein sehr **It's been a very enjoyable stay.**
angenehmer Aufenthalt. itss bien ö wärri indʒeuöböl sstä'

ANKUNFT

Camping

Camping- und Zeltplätze, die auch für Wohnwagen geeignet sind, gibt es im ganzen Land verteilt. Sie liegen außerhalb der Stadtzentren, vorzugsweise in den Küstengebieten.

Gibt es in der Nähe einen Campingplatz?	**Is there a camp site near here?** is ðäör ö kæmp sseit nieö hieö
Können wir hier zelten?	**Can we camp here?** kæn ᵘie kæmp hieö
Haben Sie Platz für ein Zelt/einen Wohnwagen?	**Do you have room for a tent/caravan?** duh juh hæw ruhm foh ö tänt/kæröwæn
Wie viel kostet es …?	**What's the charge …?** ᵘotss ðö tschahdʒ
pro Tag	**per day** pö däⁱ
pro Person	**per person** pö pöhssön
für ein Auto	**for a car** fohr ö kah
für ein Zelt	**for a tent** fohr ö tänt
für einen Wohnwagen	**for a caravan** fohr ö kæröwæn
Gibt es …?	**Is there …?** is ðäö
ein Restaurant	**a restaurant** ö rässtö201ront
ein Schwimmbad	**a swimming pool** ö ssᵘimming puhl
einen Spielplatz	**a playground** ö pläⁱgraund
Strom	**electricity** iläktrissitie
Trinkwasser	**drinking water** drinking ᵘohtö
Gibt es Einkaufsmöglichkeiten?	**Are there any shopping facilities?** ah ðäö änni schopping fössilities
Wo sind die Duschen/Toiletten?	**Where are the showers/toilets?** ᵘäö rah ðö schauös/teulittss
Wo bekomme ich Butangas?	**Where can I get butane gas?** ᵘäö kæn ei gätt bjuhtäⁱn gæss
Gibt es in der Nähe eine Jugendherberge?	**Is there a youth hostel near here?** is ðäör ö juθ hosstöl nieö hieö

NO CAMPING ZELTEN VERBOTEN	**NO CARAVANS** KEINE WOHNWAGEN

51

Essen & Trinken

Gaststätten

Buffet
buffä[i]

Schnellimbiss; hauptsächlich in Bahnhöfen.

Café
kaffä[i]

Cafés bieten einfache, aber preiswerte Gerichte an.

Coffee house
koffi hauss

Serviert werden nicht nur Tee, Kaffee und Kuchen, sondern auch Sandwiches und einfache Gerichte.

Fish and chip shop
fisch ænd tschipp schopp

Hier haben Sie Gelegenheit, die berühmten *fish and chips* (frittierten Fisch mit dicken Pommes frites) zu testen.

Grill/Grill room
gril/gril ruhm

Restaurant, das hauptsächlich Grillgerichte anbietet.

Pizza house
pietssö hauss

Italienische Restaurants sind sehr beliebt. In manchen Pizzerias finden Sie auch Salatbüffets.

Pub
pab

Eigentlich *public house*; Mittelpunkt des gesellschaftlichen Lebens und vor allem für Bier empfehlenswert. Hier gibt es aber nicht nur Getränke, sondern auch kleine Imbisse und sogar warme Mahlzeiten. Ein *free house* verfügt über eine größere Auswahl von Biersorten – darunter häufig auch „kontinentale" – weil es im Gegensatz zu den meisten Pubs nicht im Besitz einer bestimmten Brauerei ist.

Restaurant
rässtörönt

Neben englischen gibt es zahlreiche ausländische Restaurants, vor allem chinesische und indische, die gewöhnlich gutes und preiswertes Essen anbieten.

Sandwich bar
ssænduitsch bah

Diese bieten eine verführerische Auswahl an Brotsorten und Belägen (Meeresfrüchte, Salat, Ei usw.).

Snack bar
ssnæk bah

Hier bekommen Sie Imbisse und kleine Erfrischungen.

Steak house
sstäik hauss

Hier gibt es Steak-Gerichte in vielen Variationen.

Takeaway restaurant täˈköˈⁱäi ˈrässtörönt	*To take away* heißt „zum Mitnehmen". Es gibt vor allem chinesische und indische Restaurants dieser Art. Beliebt sind auch die türkischen oder griechischen *kebabs* (am Spieß gebratene Hammelfleisch-stückchen, oft mit Brot und Salat serviert).
Tea shop tie schopp	Alkoholfreie Gaststätte, in der es Tee, Kaffee, Kuchen und Gebäck sowie leichte Gerichte gibt.
Vegetarian restaurant wädӡötäöriön ˈrässtörönt	Die vegetarische Küche wird immer be-liebter, sodass auch viele andere Res-taurants inzwischen vegetarische Gerichte in ihre Speisekarte aufgenommen haben.
Wine bar ⁿein bah	Neben Wein und anderen alkoholischen Getränken bekommen Sie dort auch klei-ne Mahlzeiten.

Essenszeiten   Meal times

Frühstück (*breakfast*):	ca. 7 – 11 Uhr;
Mittagessen (*lunch*):	ca. 12 – 14 Uhr;
Abendessen (*dinner*):	ca. 19 – 22/23 Uhr.

Essgewohnheiten   Eating habits

Eine Tasse starker Tee, *early morning tea*, hilft beim Aufstehen. Da-nach haben Sie die Wahl zwischen dem reichhaltigen englischen Frühstück mit Speck, Eiern, Würstchen, Toast usw. sowie dem be-scheideneren *continental breakfast*. Das Mittagessen fällt meist et-was einfacher aus. Um 16 Uhr wird – in Cafés und Hotels, jedoch kaum noch in Privathaushalten – der traditionelle *afternoon tea* (Tee mit Gebäck) oder um 17 Uhr der *high tea* (Tee und belegte Brote) serviert. Häufig ist aber das oft mehrere Gänge umfassende *dinner* die Hauptmahlzeit des Tages. Ein leichteres Abendessen heißt *sup-per*.

Die englische Küche English cuisine

Es lohnt sich, dem weit verbreiteten schlechten Ruf der englischen Küche zu misstrauen, Vorurteile über Bord zu werfen und die eng-lische Küche (neu) zu entdecken. Die vielen frischen Zutaten aus dem eigenen Land – Fleisch, Fisch und Meeresfrüchte, Milchproduk-te, Gemüse und Früchte – bilden die Grundlage für schmackhafte

Gerichte wie z.B. *roast beef* (Rinderbraten) mit *Yorkshire pudding* (gebackener Eierteig), *Lancashire hotpot* (ein Fleisch-Gemüse-Eintopf) oder *Steak and kidney pie* (Rindfleisch- und Nierenpastete). Englische Süßspeisen sind ebenfalls empfehlenswert: Kuchen und Fruchtdesserts gibt es in vielerlei Varianten. Nutzen Sie auch die Gelegenheit, exotische Speisen zu probieren, da es in Großbritannien viele indische und chinesische Restaurants gibt.

Das hören Sie

What would you like?	Was hätten Sie gerne?
I recommend this.	Ich empfehle Ihnen das.
What would you like to drink?	Was möchten Sie trinken?
We don't have …	… haben wir nicht.
Would you like …?	Möchten Sie …?

Hungrig?

Hungry?

Ich habe Hunger/Durst.
I'm hungry/thirsty. eim hanggri/θöhssti

Können Sie mir ein gutes Restaurant empfehlen?
Can you recommend a good restaurant? kän juh räkömänd ö gudd rässtöрönt

Gibt es in der Nähe ein preiswertes Restaurant?
Is there an inexpensive restaurant around here? is ðäö ön iniksspänssiw rässtörönt öraund hieö

Reservieren Sie mir bitte einen Tisch für vier Personen.
I'd like to reserve a table for four, please. eid leik tuh risöhw ö tä'böl foh foh plies

Wir kommen um acht Uhr.
We'll come at eight. ᵘiell kamm æt ä't

Könnten wir einen Tisch … haben?
Could we have a table …? kudd ᵘie hæw ö tä'böl

in der Ecke
in the corner in ðö kohnö

am Fenster
by the window bei ðö ᵘindooᵘ

im Freien
outside autsseid

auf der Terrasse
on the terrace onn ðö tärröss

im Nichtraucherbereich
in the non-smoking section in ðö non-ssmooᵘking ssäkschön

Fragen und Bestellen Asking and ordering

Bedienung, bitte!	**Excuse me!** iksskjuhs mie
Ich möchte gerne etwas essen/trinken.	**I'd like something to eat/to drink.** eid leik ssamθing tuh iet/tuh drink
Kann ich bitte die Speisekarte/Ge-tränkekarte haben?	**May I have the menu/the wine list, please?** mä¹ ei hæw ðö mänjuh/ðö ᵁein lisst plies
Haben Sie Spezialitäten aus der Region?	**Do you have any local dishes?** duh juh hæw änni looᵁköl dischis
Was empfehlen Sie?	**What do you recommend?** ᵁott duh juh räkömänd
Was ist das?	**What's that?** ᵁotss ðæt
Haben Sie vegetarische Gerichte?	**Do you have vegetarian dishes?** duh juh hæw wädʒötäöriön dischis
Ich habe es eilig. Können Sie mich sofort bedienen?	**I'm in a hurry. Can you serve me immediately?** eim in ö harri. kæn juh ssöhw mie immidiötli
Können wir einen Teller für das Kind haben?	**Could we have a plate for the child?** kudd ᵁie hæw ö plä¹t foh ðö tscheild
Können wir bitte einen/eine/ein ... haben?	**Could we have ..., please?** kudd ᵁie hæw ... plies
Aschenbecher	**an ashtray** ön æschträ¹
Gabel	**a fork** ö fohk
Glas	**a glass** ö glahss
Löffel	**a spoon** ö sspuhn
Messer	**a knife** ö neif
Serviette	**a napkin** ö næpkin
Tasse	**a cup** ö kapp
Teller	**a plate** ö plä¹t
Strohhalm	**a straw** ö sstroh
Ich möchte etwas ...	**I'd like some ...** eid leik ssamm
Brot	**bread** brädd
Butter	**butter** battö
Essig	**vinegar** winnigö
Öl	**oil** eul
Pfeffer	**pepper** päppö

Salz	**salt** ssohlt
Zucker	**sugar** schugö
Kann ich noch ein bisschen … haben?	**Can I have some more …?** kæn ei hæw ssamm moh
Nur eine kleine Portion.	**Just a small portion.** dʒasst ö ssmohl pohschön
Nichts mehr, danke.	**Nothing more, thanks.** naθing moh θænkss

Diät · Diet

Ich mache gerade eine Diät.	**I'm on a diet.** eim onn ö deiöt
Ich darf nichts mit … essen.	**I mustn't eat food containing …** ei massönt iet fuhd kontä'ning
Alkohol	**alcohol** ælkoholl
Fett/Mehl	**fat/flour** fæt/flauö
Salz/Zucker	**salt/sugar** ssohlt/schugö
Haben Sie … für Diabetiker?	**Do you have … for diabetics?** duh juh hæw … foh diöbätikss
Fruchtsaft	**fruit juice** fruht dʒuhss
Kuchen	**cakes** kä'kss
ein Spezialmenü	**a special menu** ö sspäschöl mänjuh
Könnte ich statt des Nachtischs … haben?	**Could I have … instead of dessert?** kudd ei hæw … insstäd ow disöht
Kann ich bitte Süßstoff haben?	**Can I have an artificial sweetener, please?** kæn ei hæw ön ahtifischöl ssᵘietönö plies

Frühstück · Breakfast

Falls Ihnen das englische Frühstück (*cooked breakfast*) zu schwer oder zu ungewohnt ist, sollten Sie ein *continental breakfast* bestellen.

Ich möchte frühstücken.	**I'd like breakfast, please.** eid leik bräkfösst plies
Ich hätte gern …	**I'll have …** eill hæw
Kaffee	**some coffee** ssamm koffie

mit Milch	**with milk** ᵘið milk
mit Sahne	**with cream** ᵘið kriem
koffeinfrei	**decaffeinated** dikæfinäᶦtid
schwarz	**without milk** ᵘiðaut milk
heiße/kalte Milch	**some hot/cold milk** ssamm hott/kooᵘld milk
Orangensaft	**some orange juice** ssamm orrindʒ dʒuhss
eine (heiße) Schokolade	(**hot**) **chocolate** (hott) tschoklit
Tee mit Milch/Zitrone	**some tea with milk/lemon** ssamm tie ᵘið milk/lämön
Kann ich bitte … haben?	**May I have some …, please?** mäᶦ ei hæw ssamm … plies
Brot/Brötchen	**bread/rolls** brädd/rooᵘls
Butter	**butter** battö
Eier	**eggs** äggs
mit Speck	**bacon and eggs** bäᶦkön ænd äggs
Rührei	**scrambled eggs** sskrämböld äggs
Spiegeleier	**fried eggs** freid äggs
mit Schinken	**ham and eggs** hæm ænd äggs
Getreideflocken	**cereal** ssiriöl
Haferbrei	**porridge** porridʒ
Honig	**honey** hanni
Käse	**cheese** tschies
Marmelade	**jam** dʒæm
Orangenmarmelade	**marmalade** mahmöläᶦd
Toast	**toast** tooᵘsst
Bringen Sie mir bitte …	**Could you bring me …, please?** kudd juh bring mie … plies
Pfeffer/Salz	**some pepper/salt** ssamm päppö/ssohlt
Süßstoff	**some artificial sweetener** ssamm ahtifischöl ssᵘietönö
(heißes) Wasser	**some** (**hot**) **water** ssamm (hott) ᵘohtö
Zucker	**some sugar** ssamm schugö
ein gekochtes Ei	**a boiled egg** ö beuld ägg
hart/weich	**hard/soft** hahd/ssoft

Was steht auf der Speisekarte? What's on the menu?

Die folgende Speisekarte ist in verschiedene Gänge eingeteilt. Unter jeder Überschrift finden Sie eine alphabetische Liste der Gerichte auf Englisch mit deutscher Übersetzung. Sie können aber auch dem Kellner diese Speisekarte zeigen: Wenn Sie z.B. eine Suppe möchten, legen Sie ihm die entsprechende Liste vor und lassen sich von ihm sagen, was davon gerade erhältlich ist. Allgemeine Redewendungen finden Sie auf den Seiten 55 – 58.

Die Speisekarte lesen Reading the menu

Dish of the day	Tagesgericht
Today's menu	Tageskarte
Speciality of the house	Spezialität des Hauses
Home-made	Hausgemacht

Made to order	Nur auf Bestellung
… as a main dish	… als Hauptgang
Side dish	Beilage
When available	Wenn verfügbar
When in season	Während der Saison
Cover charge	pro Gedeck berechneter Betrag

beer bieö	Bier
dessert disöht	Nachtisch
drinks drinkss	Getränke
egg dishes äg dischis	Eiergerichte
fish fisch	Fisch
fruit fruht	Obst
game gäïm	Wild
grills grils	Grillgerichte
meat miet	Fleisch
pasta pæhsstö	Teigwaren
potatoes potäïtoo^{u}s	Kartoffeln
poultry poo^{u}ltri	Geflügel
rice reiss	Reis
salads ssælöds	Salate
sauces ssohssis	Soßen
seafood ssiefuhd	Meeresfrüchte
snacks ssnækss	Häppchen, Snacks
soups ssuhpss	Suppen
starters sstahtös	Vorspeisen
stews sstjuhs	Eintopfgerichte
tea tie	Tee
vegetables wädʒtöböls	Gemüse
wine ^{u}ein	Wein

Vorspeisen   **Starters**

Auf der Speisekarte finden Sie für Vorspeisen neben der Bezeichnung *starters* auch häufig das französische Wort *hors d'œuvres*.

| Ich hätte gern eine Vorspeise. | **I'd like a starter.** eid leik ö sstahtö |
| Was empfehlen Sie? | **What do you recommend?** ^uott duh juh räkomänd |

anchovies æntschöwies	Sardellen
artichoke ahtitschoo^uk	Artischocke
asparagus tips össpærögöss tipss	Spargelspitzen
assortment of starters össohtmönt ow sstahtös	gemischter Vorspeisenteller
avocado æwökahdoo^u	Avocado
caviar kæwiah	Kaviar
celery ssällöri	Sellerie
cold cuts koo^uld katss	gemischter Aufschnitt
cucumber kjuhkambö	Gurke
devilled eggs däwwld ägs	gefüllte Eier
eggs ägs	Eier
hard-boiled hahdbeuld	hart gekocht
fruit juice fruht dʒuhss	Fruchtsaft
grapefruit gräⁱpfruht	Pampelmuse
orange orrindʒ	Apfelsine
(half a) grapefruit (hahf ö) gräⁱpfruht	(eine halbe) Pampelmuse
ham hæm	Schinken
herring härring	Hering
marinated herring mærinäⁱtid härring	eingelegter Hering
smoked herring ssmoo^ukt härring	Räucherhering
kipper kippö	Bückling, Räucherhering
liver sausage liwwö ssossidʒ	Leberwurst
lobster lobsstö	Hummer
mackerel mækröl	Makrele
soused mackerel ssausst mækröl	marinierte Makrele
mayonnaise mä'jönä's	Majonäse

melon mällön		Melone
mushrooms maschruhms		Pilze
mussels massöls		Muscheln
olives olliws		Oliven
stuffed olives sstaft olliws		gefüllte Oliven
omelette omlöt		Omelett
oysters eusstös		Austern
pâté pätä^i		Pastete
prawn cocktail prohn koktä^{i}l		Krabbencocktail
prawns prohns		Garnelen
radish rædisch		Rettich; Radieschen
rollmop (herring) roo^{u}lmop (härring)		Rollmops
salmon ssæmön		Lachs
smoked salmon ssmoo^{u}kt ssæmön		Räucherlachs
sardines ssahdiens		Sardinen
shrimp schrimp		Krevette
snails ssnä^{i}ls		Schnecken
tomato juice tömahtoo^u dʒuhss		Tomatensaft
tuna tjuhnö		Thunfisch

Spezialitäten — Specialities

angels on horseback
ä^{i}ndʒöls onn hohssbæk
„Engel zu Pferde": in Speckscheiben gewickelte Austern, gegrillt und auf Toast serviert

Welsh rarebit
wälsch räöbit
überbackene Käseschnitte

jellied eels dʒällid iels — Aal in Aspik

Salat — Salad

Salat wird als Beilage oder eigenständiges Gericht serviert.

Ich hätte gerne einen Salat.

I'd like some salad.
eid leik ssamm ssælöd

green salad grien ssælöd — grüner Salat

tomato salad tomahtoo^u ssælöd — Tomatensalat

Beliebte Salatsoßen sind:

blue cheese dressing
bluh tschies drässing — mit Blauschimmelkäse

French dressing fräntsch drässing — mit Essig, Öl, Senf und Gewürzen

Thousand Island dressing
θausönd eilönd drässing — auf Majonäse-Basis, mit Chili, Paprika und Petersilie (leicht scharf)

Suppen und Eintopfgerichte Soups and stews

Ich hätte gern eine Suppe. — **I'd like some soup.** eid leik ssamm ssuhp

Was empfehlen Sie? — **What do you recommend?**
ᵘott duh juh räkömänd

beef consommé bief konssomä^i — Rindfleischbrühe

broth broθ — Fleischbrühe

chicken consommé tschikkön konssomä^i — Hühnerbrühe

chicken noodle soup
tschikkön nuhdöl ssuhp — Nudelsuppe mit Huhn

cock-a-leekie
kokkölieki — Geflügel-Lauchcreme-Suppe

crab soup kræb ssuhp — Krabbensuppe

crayfish soup krä^ifisch ssuhp — Krebssuppe

cream of asparagus soup
kriem ow össpærögöss ssuhp — Spargelcremesuppe

cream of celery soup
kriem ow ssällöri ssuhp — Selleriecremesuppe

cream of mushroom soup
kriem ow maschruhm ssuhp — Pilzcremesuppe

French onion soup
fräntsch anjön ssuhp — französische Zwiebelsuppe

game soup gä^im ssuhp — Wildsuppe mit Gemüse

lobster soup lobsstö ssuhp — Hummersuppe

mock turtle soup mokk töhtöl ssuhp — falsche Schildkrötensuppe (aus Kalbskopf)

mulligatawny soup maligötooni ssuhp	scharfe Currysuppe (häufig mit Gemüse, Fleisch, Reis und Äpfeln)
mussel soup massöl ssuhp	Muschelsuppe
oxtail soup okstä'l ssuhp	Ochsenschwanzsuppe
pea soup pie ssuhp	Erbsensuppe
Scotch broth sskotsch broθ	dicke Rindfleischsuppe mit Gemüse und Graupen
soup of the day ssuhp ow ðö dä'	Tagessuppe
tomato soup tomahtoo^u ssuhp	Tomatensuppe
vegetable soup wädʒtöböl ssuhp	Gemüsesuppe
vegetable beef soup wädʒtöböl bief ssuhp	Fleischbrühe mit Gemüseeinlage

Fisch und Meeresfrüchte Fish and seafood

Ich hätte gerne Fisch.	**I'd like some fish.** eid leik ssamm fisch
Was für Meeresfrüchte haben Sie?	**What kind of seafood do you have?** ^uott keind ow ssiefuhd duh juh hæw

anchovies æntschöwies	Sardellen
clams klæms	Venusmuscheln
cockles kokköls	Herzmuscheln
cod kodd	Kabeljau
crab kræb	Krabbe
crayfish krä'fisch	Krebs
eel iel	Aal
flounder flaundö	Flunder
haddock hædök	Schellfisch
halibut hæliböt	Heilbutt
herring härring	Hering
lobster lobsstö	Hummer
mackerel mækröl	Makrele
(red) mullet (rädd) mallit	Seebarbe
mussels massöls	Miesmuscheln

oysters eusstös	Austern
perch pöhtsch	Flussbarsch
pike peik	Hecht
plaice pläⁱss	Scholle
prawns prohns	Garnelen
scallops sskællöpss	Kammmuscheln, Jakobsmuscheln
shrimp schrimp	Krevette
sole ssoo^ul	Seezunge
squid ssk^uidd	Tintenfisch
trout traut	Forelle
tuna tjuhnö	Thunfisch
turbot töhböt	Steinbutt
whiting ^ueiting	Merlan

(im Ofen) gebacken	**baked** bäⁱkt
(in der Pfanne) gebraten	**fried** freid
frittiert	**deep-fried** diepfreid
gegrillt	**grilled** grild
geräuchert	**smoked** ssmoo^ukt
geschmort, gedünstet	**stewed** sstjuhd
paniert	**breaded** bräddid
pochiert	**poached** poo^utscht

Fleisch   Meat

Sehr beliebt sind nach wie vor Rinderbraten (*roast beef*) und Lammfleisch, das gerne mit Minzsoße gegessen wird.

Ich hätte gern …	**I'd like some …** eid leik ssamm
Hammelfleisch	**mutton** mattön
Kalbfleisch	**veal** wiel
Lammfleisch	**lamb** læm
Rindfleisch	**beef** bief
Schweinefleisch	**pork** pohk

bacon bäⁱkön	Speck
beef olive bief oliw	eine Art Rindsroulade
beefpie biefpei	Rindfleischpastete
black pudding blæk pudding	angebratene Blutwurst, bes. im Norden Großbritanniens
chitterlings tschittölings	Innereien, bes. vom Schwein
chop tschopp	Kotelett
escalope ässkölop	dünnes Kalbschnitzel, Wiener Schnitzel
gammon gæmön	schwach gepökelter oder schwach geräucherter Schinken
(**smoked**) **ham** (ssmoo^ukt) hæm	(geräucherter) Schinken
kidneys kidnis	Nieren
larded roast lahdid roo^usst	gespickter Braten
leg lägg	Keule
liver liwö	Leber
loin leun	Lende
meatballs mietbohls	Fleischklößchen
minced meat minsst miet	Hackfleisch
oxtail oksstäⁱl	Ochsenschwanz
pig's head/trotters pigs hädd/trottös	Schweinskopf/Schweinsfüße
Porterhouse steak pohtöhauss sstäⁱk	dickes, zartes Rindersteak
pot roast pott roo^usst	Schmorbraten
roast beef roo^usst bief	Rinderbraten
saddle ssædöl	Rücken(stück)
sausage ssossidʒ	Würstchen
shank schænk	Hachse
sirloin söhleun	Lendenstück
sucking pig ssakking pig	Spanferkel
sweetbread ss^uietbräd	(Kalbs-)Bries

tenderloin tändöleun	zartes Lendenstück
tongue tang	Zunge

im Ofen gebacken	**baked** bäⁱkt
als Braten	**roast** rooᵘsst
(in der Pfanne) gebraten	**fried** freid
gedünstet/geschmort	**stewed** sstjuhd
gefüllt	**stuffed** sstaft
gegrillt	**grilled** grild
gehackt	**minced** minsst
gekocht	**boiled** beuld
geschmort	**braised** bräⁱsd
gespickt	**larded** lahdid
auf dem Rost / am Spieß	**barbecued** bahbökjuhd
gebraten	
kalt	**cold** kooᵘld
blutig, englisch (*beim Steak*)	**rare** räö
nicht durchgebraten	**underdone** andödann
halb durchgebraten	**medium** miedjöm
gut durchgebraten	**well-done** ᵘälldann

Typische Fleischgerichte Typical meat dishes

Irish stew eirisch sstjuh	Eintopf aus Hammelfleisch, Kartoffeln und Zwiebeln
Lancashire hotpot lænköschö hottpott	Eintopf aus Lammkoteletts und -nieren, Kartoffeln und Zwiebeln
Shepherd's pie schäppöds pei	gehacktes Rind- oder Lammfleisch mit Zwiebeln und einer Lage Kartoffelpüree; im Ofen gebacken
steak and kidney pie sstäⁱk ænd kidni pei	Pastete mit Nieren und Rindfleisch
toad-in-the-hole tooᵘd in ðö hooᵘl	in Pfannkuchenteig gebackene Würstchen („Kröte im Loch")

Die traditionelle Beilage zu *roast beef* ist:

Yorkshire pudding
johkschö pudding

wellenförmig gebackener Eierteig, in Vierecke geschnitten und heiß serviert

Wild und Geflügel   Game and poultry

capon kä'pön   Kapaun
chicken tschikkön   Huhn
barbecued chicken   Hähnchen vom Grill/Rost
bahbökjuhd tschikkön
roast chicken   Brathühnchen
roo^usst tschikkön
duck dakk   Ente
duckling dakkling   junge Ente
game pie gä'm pei   Wildpastete
goose guhss   Gans
grouse grauss   schottisches Moorhuhn
guinea fowl ginni faul   Perlhuhn
hare häö   Hase
partridge pahtridʒ   Rebhuhn
pheasant fäsönt   Fasan
pigeon pidʒön   Taube
quail k^uä'l   Wachtel
rabbit ræbit   Kaninchen
turkey töhki   Truthahn
venison wänissön   Wildbret
wild boar ^ueild boh Wildschwein

Spezialitäten   Specialities

grouse and chicken pie   Geflügel-Pastete aus Moorhuhn, Huhn,
grauss ænd tschikkön pei   Zwiebeln, Rotwein und Gewürzen
partridge pie   gut gewürzte Pastete mit Rebhuhn, ge-
pahtridʒ pei   hacktem Kalb- und Schweinefleisch
pheasant roast   Fasan, der mit einer Mischung aus Äpfeln,
fäsönt roo^usst   Butter, Zitronensaft, Zwiebeln, Olivenöl
                                und Gewürzen gefüllt ist.

Gemüse

Vegetables

Was für Gemüse haben Sie?

What vegetables do you have?
ᵘott wädʒtöböls duh juh hæw

artichoke ahtitschooᵘk	Artischocke
asparagus (tips) össpærögöss (tipss)	Spargel(spitzen)
aubergine ooᵘböhdʒien	Aubergine
beetroot bietruht	Rote Bete
broccoli brokkoli	Brokkoli
Brussels sprouts brassöls ssprautss	Rosenkohl
cabbage kæbidʒ	Kohl
carrots kærötss	Möhren
cauliflower kohliflauö	Blumenkohl
celery ssällöri	Sellerie
chicory tschikköri	Chicorée
cucumber kjuhkambö	Gurke
fennel fännöl	Fenchel
French beans fräntsch biens	grüne Bohnen
gherkins göhkins	Gewürzgurken
leeks liekss	Lauch
lentils läntils	Linsen
lettuce lättiss	Kopfsalat
mixed vegetables miksst wädʒtöböls	gemischtes Gemüse
mushrooms maschrums	Pilze
onions anjöns	Zwiebeln
peas pies	Erbsen
peppers päppös	Paprikaschoten
potatoes potätooᵘs	Kartoffeln
pumpkin pampkin	Kürbis
radish rædisch	Rettich, Radieschen
spinach sspinitsch	Spinat
sweetcorn ssᵘietkohn	Mais
tomatoes tomahtooᵘs	Tomaten
turnips töhnipss	(bes. weiße) Rüben

gebacken	**baked** bä'kt
gebraten	**fried** freid
gedünstet	**steamed** sstiemd
gefüllt	**stuffed** sstaft
gegrillt	**grilled** grild
gekocht	**boiled** beuld
geröstet	**roasted** roo^usstid
gewürfelt	**diced** deisst

Kräuter und Gewürze Herbs and spices

aniseed <u>æ</u>nissied	Anis
basil b<u>æ</u>sil	Basilikum
bay leaf bäⁱ lief	Lorbeer
capers kä'pös	Kapern
caraway k<u>æ</u>rö^uäⁱ	Kümmel
chives tscheiws	Schnittlauch
cinnamon <u>ss</u>innömön	Zimt
dill dill	Dill
garlic g<u>a</u>hlik	Knoblauch
ginger dʒindʒö	Ingwer
horseradish h<u>oh</u>ssrædisch	Meerrettich
mint mint	Minze
paprika p<u>æ</u>prikö	Paprika(gewürz)
parsley p<u>ah</u>ssli	Petersilie
pepper p<u>ä</u>ppö	Pfeffer
rosemary roo^usmöri	Rosmarin
saffron <u>ss</u>æffrön	Safran
sage ssä'dʒ	Salbei
salt <u>ss</u>ohlt	Salz
thyme teim	Thymian

Soßen — Sauces

bread sauce
brädd ssohss
Brottunke

chutney
tschattni
aus Indien stammende scharf gewürzte Paste aus Früchten

Cumberland sauce
kambölænd ssohss
pikante kalte Soße, besteht u.a. aus Johannisbeergelee, Madeira und Senf; wird zu Wild, Geflügel oder Lamm gereicht

gooseberry sauce
guhsböri ssohss
Stachelbeersoße

mint sauce
mint ssohss
Essigsoße mit gehackter Minze und Zucker; meistens zu Lammfleisch

Worcester Sauce
ᵘuhsstö ssohss
pikante Würzsoße, u.a. aus Essig, Sojabohnen, Ingwer, Sherry, Zwiebeln und Limonen; wird häufig Suppen beigefügt

Nudeln, Reis, Kartoffeln — Pasta, rice, potatoes

chips[1] tschippss — Pommes frites

macaroni mækörooᵘni — Makkaroni

pasta pæhsstö — Teigwaren

potatoes potä̱tooᵘs — Kartoffeln

**baked potatoes,
jacket potatoes** bä̱kt potä̱tooᵘs, dʒækit potä̱tooᵘs — Ofenkartoffeln

fried potatoes freid potä̱tooᵘs — Bratkartoffeln

mashed potatoes mæscht potä̱tooᵘs — Kartoffelbrei

rice reiss — Reis

boiled rice beuld reiss — gekochter Reis

fried rice freid reiss — gebratener Reis

---

[1] Auch die amerikanische Bezeichnung *French fries* wird verwendet.

Einige exotische Gerichte Some exotic dishes

Die in Großbritannien sehr verbreitete indische Küche ist relativ preiswert und sehr schmackhaft. Einige wenige Gerichte können sehr scharf sein – wenn Sie mildere Speisen bevorzugen, verlangen Sie einfach *not too hot* – nicht zu scharf.

Die folgenden drei Currysorten werden der jeweiligen Soße beigemischt und dann zu Fleisch, Geflügel oder Gemüse gereicht:

Korma	milder Curry mit Joghurt
Madras	scharfer Curry
Vindaloo	sehr scharfer Curry

Beliebte indische Gerichte sind z.B.:

tandoori chicken tænduhri tschikkön	Huhn in Marinade, mit Chili, Joghurt und Gewürzen (im Lehmofen gebacken)
Biriani birjahni	Curry-Gericht mit Fleisch, Fisch oder Gemüse und Reis, meistens serviert mit einer mittelscharfen Gemüse-Soße

Käse Cheese

In Restaurants der gehobenen Preisklasse finden Sie fast alle französischen Käsesorten sowie importierten Käse aus Holland, Dänemark und der Schweiz. Sie sollten jedoch nicht versäumen, auch den vorzüglichen englischen Käse zu probieren.

Caerphilly käfilli	Weißer Käse aus Wales, halbweich flockig; schmeckt frisch am besten und sollte daher nicht zu alt werden
Cheddar tschäddö	fetter orangegelber Hartkäse; schmeckt reif am besten
Cheshire tschäschö	einer der bekanntesten englischen Käse: mild, rötlich-gold, von krümeliger Konsistenz und leicht salzig im Geschmack
Double Gloucester daböl glosstö	berühmter englischer Hartkäse; goldgelb und kräftig im Geschmack
Leicester lässtö	milder, rötlicher Käse
Sage Derby ssä'dʒ döhbi	fester weißer und mit Salbei versetzter Käse

Stilton sstiltön	englischer Edelschimmelkäse: *blue Stilton* ist blaugeädert und scharf; *white Stilton* weiß und mild; schmeckt am besten zwischen November und April
Wensleydale uänslidä'l	cremiger weißer Käse

… und verschiedene „Käseeigenschaften":

crumbly krambli	krümelig, bröcklig
curd cheese köhd tschies	Quarkkäse
mild meild	mild
mature mötjuhö	reif

Obst   Fruit

Haben Sie frisches Obst?	**Do you have any fresh fruit?** duh juh hæw änni fräsch fruht
Ich hätte gern einen Obstsalat.	**I'd like a fruit salad.** eid leik ö fruht ssælöd

almonds ahmönds	Mandeln
apple æpöl	Apfel
apricots ä'prikotss	Aprikosen
banana bönahnö	Banane
bilberries bilböris	Heidel-, Blaubeeren
blackberries blækböris	Brombeeren
blackcurrants blæk karröntss	schwarze Johannisbeeren
blueberries bluhböris	Heidel-, Blaubeeren
cherries tschärris	Kirschen
(sweet) chestnuts (ss^uiet) tschässnatss	Esskastanien
coconut koo^ukönat	Kokosnuss
dates dä'tss	Datteln
dried fruit dreid fruht	getrocknete Früchte
figs figs	Feigen
gooseberries guhsböris	Stachelbeeren
grapefruit grä'pfruht	Pampelmuse
grapes grä'pss	Weintrauben

hazelnuts häⁱsölnatss		Haselnüsse
lemon lämmön		Zitrone
lime leim		Limone
melon mällön		Melone
nectarine näktörien		Nektarine
orange orrindʒ		Apfelsine, Orange
peach pietsch		Pfirsich
peanuts pienatss		Erdnüsse
pear päö		Birne
pineapple peinæpöl		Ananas
plum plamm		Pflaume
prunes pruhns		Backpflaumen
quince k^uinss		Quitte
raisins räⁱsöns		Rosinen
raspberries rahsböris		Himbeeren
redcurrants rädd karröntss		rote Johannisbeeren
rhubarb ruhbahb		Rhabarber
strawberries sstrohböris		Erdbeeren
sultanas ssaltahnös		Sultaninen
tangerine tændʒörien		Mandarine
walnuts ^uohlnatss		Walnüsse
watermelon ^uohtömallön		Wassermelone

Nachtisch   Dessert

Ich hätte gern einen
Nachtisch.
I'd like a dessert, please.
eid leik ö disöht plies

Bitte etwas Leichtes.
Something light, please.
ssammθing leit plies

Ich würde gerne …
probieren.
I'd like to try …
eid leik tuh trei

Nur eine kleine Portion.
Just a small portion.
dʒasst ö ssmohl pohschön

Nichts mehr, danke.
Nothing more, thanks.
naθing moh θænkss

Einige typische Nachspeisen sind:

apple crumble
æpöl kramböl
Apfelkuchen mit Streuseln aus Rohrzucker, Zimt und Butter

Christmas pudding
krissmöss pudding
im Wasserbad gegarter Pudding aus Mehl, Rosinen, Eiern, Sherry etc.

fool
fuhl
Süßspeise aus Obstpüree und Sahne (z. B. *gooseberry fool* aus Stachelbeeren)

fruit sundae
fruht ssandä^i
Eisbecher mit Früchten und Schlagsahne

treacle tart
trieköl taht
Kuchen mit Sirup

trifle
treiföl
in Sherry oder Branntwein getunkte Biskuitmasse mit Mandeln, Marmelade, Schlagsahne oder Eierkrem

Und ein paar weitere Vorschläge:

apple pie æpöl pei — Apfelkuchen

blancmange blömondʒ — Milchpudding mit Mandeln und Zucker

creme caramel
krä^{i}m kærömöl
Karamelpudding

cheesecake
tschieskä^{i}k
Käsekuchen

cherry pie tschärri pei — Kirschkuchen

cream kriem — Rahm, Sahne

whipped cream
^{u}ipt kriem
Schlagsahne

custard kasstöd — (eine Art) Vanillesoße

doughnut doo^{u}nat — (eine Art) Berliner

flan flæn — Obst-/Käsekuchen

fritters frittös — Schmalzgebäck mit Füllung

fruit salad fruht ssælöd — Obstsalat

ice-cream eisskriem — Eis

jelly dʒälli — Früchtegelee mit künstlichem Aroma

lemon meringue pie
lämmön möræng pei
Zitronentorte mit Baiser

meringue möræng — Baiser

pastry päˈsstri	Gebäck
rice pudding reiss pudding	Milchreis
sponge cake sspondʒ käˈk	Biskuitkuchen
tart taht	Obstkuchen
waffles ᵘofföls	Waffeln

… und nicht zu vergessen die verschiedenen Eissorten:

chocolate tschoklit	Schokolade
coffee koffi	Mokka
lemon lämmön	Zitrone
orange orrindʒ	Apfelsine
pistachio pisstahschjooᵘ	Pistazie
raspberry rahsböri	Himbeer
strawberry sstrohböri	Erdbeer
vanilla wönillö	Vanille

Getränke

Drinks

Bier

Beer

Nach Tee ist Bier das wohl beliebteste Getränk in Großbritannien. Es ist nicht ungewöhnlich, in einem Pub eine Auswahl von zwanzig verschiedenen Sorten zu finden.

Stout ist ein dunkles Starkbier; die bekannteste Marke ist das irische Guinness. Ein helles, obergäriges Bier nennt man *ale*. (*Ginger ale* hat allerdings mit Bier nichts zu tun, sondern ist eine alkoholfreie Ingwerlimonade.) *Bitter* hat den charakteristischen Hopfengeschmack und das *lager* ist ein helles Exportbier. Ob *bitter* oder *lager*: Bier wird ohne Schaum und nur selten eisgekühlt serviert.

Sie haben die Auswahl zwischen Flaschenbier (*bottled beer*) und Fassbier (*draught beer*). Letzteres wird in *pints* (1 *pint* = ca. 0,6 l) oder *halfpints* (ca. 0,3 l) ausgeschenkt.

Was möchten Sie trinken?	**What would you like to drink?** ᵘott ᵘudd juh leik tuh drink
Ich hätte gern ein Bier.	**I'd like a beer, please.** eid leik ö bieö plies
Bitte 2 *Lager*.	**2 lagers, please.** tuh lahgös plies
Eine Flasche helles Bier, bitte.	**A bottle of light ale, please.** ö bottöl ow leit ä'l plies
Bitte ein Pint *Bitter*.	**A pint of bitter, please.** ö peint ow bittö plies

Im Pub wird immer am Tresen bestellt, wo Sie auch gleich bezahlen – und weil Sie die Getränke selbst zum Tisch tragen, brauchen Sie auch kein Trinkgeld zu geben.
Wenn Sie die Ansage *Last orders, please!* hören, sollten Sie die letzte Runde bestellen.

Wein

Wine

Gute Weine aus Frankreich, Italien, Spanien oder Südafrika sind fast überall erhältlich, vor allem in den *wine bars*. In Restaurants ist oft der *house wine* zu empfehlen.

Kann ich bitte die Weinkarte haben?	**May I have the wine list, please?** mäʲ ei hæw ðö ᵁein lisst plies
Ich hätte gern eine/ein …	**I'd like … of …** eid leik … ow
Flasche	**a bottle** ö bottöl
halbe Flasche	**half a bottle** hahf ö bottöl
Karaffe	**a carafe** ö körahf
kleine Karaffe	**a small carafe** ö ssmohl körahf
Glas	**a glass** ö glahss
Ich hätte gern eine Flasche Weißwein/Rotwein.	**I'd like a bottle of white wine/red wine.** eid leik ö bottöl ow ᵁeit ᵁein/rädd ᵁein
Wie viel kostet eine Flasche …?	**How much is a bottle of …?** hau matsch is ö bottöl ow
Bringen Sie mir bitte noch eine Flasche/ein Glas …	**Please bring me another bottle/glass of …** plies bring mie önaðö bottöl/ glahss ow

rot	**red** rädd
weiß	**white** ᵁeit
rosé	**rosé** "rosé"
lieblich	**sweet** ssᵁiet
trocken	**dry** drei
schäumend	**sparkling** sspahkling
gekühlt	**chilled** tschild
mit Zimmertemperatur	**at room temperature** æt ruhm tämpritschö

Andere alkoholische Getränke   Other alcoholic drinks

Als Aperitif trinken die Engländer gerne einen *gin and tonic*, einen *dry martini* (trockenen Wermut), eine *bloody Mary* (Wodka mit Tomatensaft) oder ein Glas Sherry.

Whisky ist neben Bier das beliebteste alkoholische Getränk in Großbritannien. Wenn Sie einfach einen Whisky bestellen, erhalten Sie normalerweise einen *scotch* (ein Mix aus schottischem Gerstenmalz- und Getreidewhisky). *Irish whiskey* enthält außer Gerste auch Roggen, Hafer und Weizen und ist im Geschmack etwas milder als der schottische Whisky.

Die Menge pro Glas ist gesetzlich festgelegt; Sie können einen einfachen Whiskey (*a single*) oder einen doppelten (*a double*) bestellen.

Ich hätte gerne einen Whisky.	**A whisky, please.** ö ᵘisski plies
Pur.	**Neat.** niet
Mit Eiswürfeln, bitte.	**On the rocks, please.** onn ðö rokss plies
Ich möchte einen doppelten Whisky.	**A double whisky, please.** ö dabböl ᵘisski plies
Zwei einfache und einen doppelten Whisky, bitte.	**Two singles and a double, please.** tuh ssinggöls änd ö dabböl plies
Kognac	**cognac** konjäk
Likör	**liqueur** likjuhö
Portwein	**port** poht
Rum	**rum** ramm
Sherry	**sherry** schärri
Weinbrand	**brandy** brændi
Wermut	**vermouth** wöhmöθ
Wodka	**vodka** wodka
Bitte geben Sie mir einen großen Gin Tonic.	**Give me a large gin and tonic, please.** giw mie ö lahdჳ dჳinn änd tonnik plies
Mit ein wenig Soda.	**Just a dash of soda.** dჳasst ö dæsch ow ssooᵘdö
Bitte zwei Coca Cola mit Rum.	**I'd like two rum and cokes, please.** eid leik tuh ramm änd kooᵘkss plies
Ich hätte gern ein Glas Sherry.	**I'd like a glass of sherry, please.** eid leik ö glahss ow schärri plies

---

CHEERS!
(tschieös)
PROST!

Vielleicht probieren Sie auch einmal ein Glas *cider*? Dieser Apfelwein wird hauptsächlich im Südwesten Großbritanniens hergestellt; eine besonders starke Art nennt man auch *scrumpy*.

Alkoholfreie Getränke Nonalcoholic drinks

Ich hätte gern einen/ eine/ein …	**I'd like some …** eid leik ssamm
Apfelsaft	**apple juice** äpöl dʒuhss
Eistee	**iced tea** eisst tie
Fruchtsaft	**fruit juice** fruht dʒuhss
Ananassaft	**pineapple juice** peinäpöl dʒuhss
Apfelsinensaft	**orange juice** orrindʒ dʒuhss
Pampelmusensaft	**grapefruit juice** gräˈpfruht dʒuhss
Zitronensaft	**lemon juice** lämmön dʒuhss
Limonade	**lemonade** lämönäˈd
Mineralwasser	**mineral water** minnöröl ᵘohtö
mit Kohlensäure	**fizzy** fisie
ohne Kohlensäure	**still** sstill
Tomatensaft	**tomato juice** tömahtooᵘ dʒuhss
Ich hätte gern ein …	**I'd like a …** eid leik ö
alkoholfreies Getränk	**soft drink** ssoft drink
Glas Wasser	**glass of water** glahss ow ᵘohtö

Oder wie wäre es mit:

blackcurrant juice bläkkarrönt dʒuhss	schwarzer Johannisbeersaft
ginger ale dʒindʒö äˈl	Ingwerlimonade
lemon/orange squash lämmön/orrindʒ sskᵘosch	Zitronen-/Orangenlimonade
lime juice leim dʒuhss	Limettensaft

Tee Tea

Tee ist das eigentliche englische Nationalgetränk. Man bekommt fast überall und zu fast jeder Zeit eine Tasse Tee – meistens ziemlich stark und mit Milch – serviert.

Der *afternoon tea* (Nachmittagstee) hat zwar eine lange Tradition, wird in dieser Form allerdings heutzutage meist nur noch in Cafés und Hotels serviert. Mehrere kleine Teepausen (*tea breaks*) über den Tag verteilt gönnt sich allerdings fast jedermann.

Wenn Sie den *afternoon tea*, die britische Variante des „Kaffeetrinkens", einmal stilecht ausprobieren möchten, gehen Sie dafür am besten in ein Café oder einen *tearoom* auf dem Land. Zum Tee bekommen Sie dort kleine dreieckig geschnittene Gurken-, Schinken-, Tomaten- oder Käsesandwiches, oft gefolgt von *muffins* und *scones*, Hefeteigsemmel und kleine runde Kuchen, die mit *clotted cream*, einer fettreichen Sahne, und frischer Erdbeermarmelade bestrichen werden. Den Abschluss können noch Kuchen oder Fruchttörtchen bilden. Selbstverständlich ist in den Häusern, die etwas auf sich halten, alles *home-made* (hausgemacht).

Wir hätten gern Tee für vier Personen.	**A pot of tea for four, please.** ö pott ow tie foh foh plies
Einen Tee mit Zitrone, bitte.	**A cup of tea with lemon, please.** ö kapp ow tie ᵘið lämmön plies
Bitte ohne Milch.	**No milk, please.** nooᵘ milk plies
Etwas Zucker, bitte.	**Some sugar, please.** ssamm schuggö plies
Bitte mit Milch.	**With milk, please.** ᵘið milk plies
Brot	**bread** brädd
Brötchen	**rolls** rooᵘls
Butter	**butter** battö
Honig	**honey** hanni
Lebkuchen	**gingerbread** dʒindʒöbrädd
Kuchen	**cake** käᶦk
Marmelade	**jam** dʒæm
Obstkuchen	**fruit cake** fruht käᶦk
Orangen- oder Zitronenmarmelade	**marmalade** mahmöläᶦd

Weitere Leckerbissen zum Tee sind:

bun ban	süßes Brötchen, oft mit Rosinen
crumpets krampätss	Hefegebäck, das heiß und mit Butter bestrichen gegessen wird
shortbread schohtbrädd	Buttergebäck

Kaffee

Coffee

Ich hätte gern eine Tasse Kaffee.
I'd like a cup of coffee, please.
eid leik ö kapp ow koffi plies

Eiskaffee
iced coffee eisst koffi

Espresso
espresso ässprässoo^u

Latte macchiato
(Espresso mit
aufgeschäumter Milch)
coffee latte
koffi latie

Milchkaffee
white coffee ^{u}eit koffi

schwarzer Kaffee
black coffee blæk koffi

… und für kalte Tage:

Irish coffee
eirisch koffi
starker, schwarzer Kaffee mit Zucker, irischem Whisky und Sahne

Milch und Sahne

Milk and cream

cream kriem — Sahne

double cream dabl kriem — fette Sahne

single cream ssinggöl kriem — fettarme Sahne

whipped cream ^{u}ippt kriem — Schlagsahne

milk milk — Milch

skimmed milk sskimmd milk — Magermilch

semi-skimmed milk ssämi sskimmd milk — Halbfettmilch

Reklamationen

Complaints

Es fehlt ein Teller/
Glas.
There is a plate/glass missing.
ðäö ris ö plä^{i}t/glahss missing

Ich habe kein
Messer/keine
Gabel/keinen Löffel.
I don't have a knife/fork/spoon.
ei doo^{u}nt hæw ö neif/fohk/sspuhn

Das habe ich nicht
bestellt.
That's not what I ordered.
ðætss not ^{u}ott ei ohdöd

Ich wollte …
I asked for … ei ahsskd foh

Das muss ein Irrtum
sein.
There must be some mistake.
ðäö masst bie ssamm misstä^{i}k

Können Sie mir dafür
etwas anderes bringen?
May I change this?
mä^i ei tschä^{i}ndʒ ðiss

Ich habe eine kleine Portion (für das Kind) bestellt.	**I asked for a small portion (for the child).** ei ahsskd fohr ö ssmohl pohschön (foh ðö tscheild)
Das Fleisch ist …	**The meat is …** ðö miet is
zu stark gebraten	**overdone** oo^{u}wödan
nicht durchgebraten	**underdone** andödan
zu zäh	**too tough** tuh taff
Das ist zu …	**This is too …** ðiss is tuh
bitter	**bitter** bittö
salzig	**salty** ssohlti
sauer	**sour** sauö
süß	**sweet** ss^{u}iet
Das schmeckt mir nicht.	**I don't like this.** ei doo^{u}nt leik ðiss
Das Essen ist kalt.	**The food is cold.** ðö fuhd is koo^{u}ld
Das ist nicht frisch.	**This isn't fresh.** ðiss isönt fräsch
Weshalb dauert es so lange?	**What's taking so long?** ^{u}ottss tä^{i}king soo^u long
Haben Sie unsere Getränke vergessen?	**Have you forgotten our drinks?** hæw juh fohgottön auö drinkss
Der Wein schmeckt nach Korken.	**The wine is corked.** ðö ^{u}ein is kohkt
Das ist nicht sauber.	**This isn't clean.** ðiss isönt klien
Würden Sie bitte den Geschäftsführer rufen?	**Would you call the manager, please?** ^{u}udd juh kohl ðö mænidჳö plies

Die Rechnung   The bill

Die Bedienung ist im Allgemeinen im Preis inbegriffen. Ein Trinkgeld von 10 – 15% ist dennoch angebracht, wenn Sie zufrieden waren.

Die Rechnung, bitte.	**The bill, please.** ðö bill plies
Ich möchte zahlen.	**I'd like to pay.** eid leik tuh pä^i
Wir möchten getrennt bezahlen.	**We'd like to pay separately.** ^{u}ied leik tuh pä^i ssäprötli
Wofür steht dieser Betrag?	**What's this amount for?** ^{u}ottss ðiss ömaunt foh
Ich glaube Sie haben sich verrechnet.	**I think there's a mistake in the bill.** ei θink ðääs ö misstä^{i}k in ðö bill

Ist die Bedienung inbegriffen?	**Is service included?** is ssöhwiss inkluhdid
Ist das Gedeck inbegriffen?	**Is the cover charge included?** is ðö kawö tschahdʒ inkluhdid
Ist alles inbegriffen?	**Is everything included?** is äwriθing inkluhdid
Kann ich mit dieser Kreditkarte bezahlen?	**Can I pay with this credit card?** kæn ei päᵘ ᵘið ðiss krädditt kahd
Danke, das ist für Sie.	**Thank you, this is for you.** θænk juh ðiss is foh juh
Der Rest ist für Sie.	**Keep the change.** kiep ðö tschäᶦndʒ
Das Essen war sehr gut.	**That was a very good meal.** ðæt ᵘos ö wärri gudd miel
Es hat uns gut geschmeckt.	**We enjoyed it, thank you.** ᵘie indʒeud itt θænk juh

---

SERVICE INCLUDED
BEDIENUNG INBEGRIFFEN

Snacks – Picknick   Snacks – Picnic

Nutzen Sie die Gelegenheit, einmal *fish and chips* – eine Portion gebackenen Fisch (meist Kabeljau, Scholle oder Schellfisch) mit Pommes frites – zu probieren. Alternativen hierzu wären ein heißes Würstchen im Teigmantel (*sausage roll*), eine Schweinefleischpastete (*pork pie*) oder eine Frühlingsrolle (*spring roll*) aus einem chinesischen *takeaway* (Restaurant mit Straßenverkauf), die sie allesamt auf einer Bank im Park essen können.

Geben Sie mir bitte eins davon.	**I'll have one of these, please.** eil hæw ᵘann ow ðies plies
Ich hätte gern (eine/ein) …	**I'd like …** eid leik
Brathähnchen	**a roast chicken** ö rooᵘsst tschikkön
(Brat-)Wurst	**a (fried) sausage** ö (freid) ssossidʒ
Fleischpastete	**a meat pie** ö miet pei
Frikadelle	**a meatball** ö mietbohl

Kartoffelchips	**some crisps** ssamm krisspss
Pizza	**a pizza** ö pietsö
Pommes frites	**some chips** ssamm tschipss

Probieren Sie auch:

| **Cornish pasty**
kohnisch pæssti | mit Fleisch und Kartof-
feln gefüllte Pastete |
| **Scotch egg**
sskotsch äg | hart gekochtes Ei in
paniertem Wurstbrät |

Beliebte Zwischenmahlzeiten sind auch Toasts mit verschiedenen Zutaten:

baked beans on toast bäⁱkt biens onn too^usst	in Tomatensoße gekochte weiße Bohnen auf Toast
cheese on toast tschies onn too^usst	Käsetoast
mushrooms on toast maschruhms onn too^usst	Toast mit Pilzen

Hier einige Lebensmittel, die Sie vielleicht für ein Picknick einkaufen wollen:

Ich hätte gern …	**I'd like …** eid leik
Äpfel	**some apples** ssamm æpöls
Aufschnitt	**some cold cuts** ssamm koo^uld katss
Bananen	**some bananas** ssamm bönahnös
Bier	**some beer** ssamm bieö
Bonbons	**some sweets** ssamm ss^uietss
Brot	**some bread** ssamm brädd
Brötchen	**some rolls** ssamm roo^uls
Butter	**some butter** ssamm battö
Eier	**some eggs** ssamm ägs
Eis (Speiseeis)	**some ice-cream** ssamm eisskriem
Fruchtsaft	**some fruit juice** ssamm fruht dʒuhss
Gewürzgurken	**some gherkins** ssamm göhkins
Joghurt	**some yoghurt** ssamm joggöt
Kaffee	**some coffee** ssamm koffi

Pulverkaffee	**instant coffee** <u>ins</u>stönt <u>koffi</u>
Käse	**some cheese** ssamm tschies
Kekse	**some biscuits** ssamm <u>biss</u>kitss
Limonade	**some lemonade** ssamm lämön<u>äi</u>d
Milch	**some milk** ssamm milk
Mineralwasser	**some mineral water** ssamm <u>mi</u>növöl ^u<u>oh</u>tö
Oliven	**some olives** ssamm <u>oli</u>ws
Orangen	**some oranges** ssamm <u>orr</u>indʒis
Pfeffer	**some pepper** ssamm <u>päp</u>pö
Salz	**some salt** ssamm ssohlt
Salzgebäck	**some crackers** ssamm <u>kræ</u>kös
Schinken	**some ham** ssamm hæm
Schokolade	**some chocolate** ssamm <u>tscho</u>klit
Senf	**some mustard** ssamm <u>mass</u>töd
Tee	**some tea** ssamm tie
Teebeutel	**some tea bags** ssamm tie bægs
Tomaten	**some tomatoes** ssamm to<u>mah</u>too^us
Wein	**some wine** ssamm ^uein
Weintrauben	**some grapes** ssamm gräⁱpss
Würstchen	**some sausages** ssamm <u>sso</u>ssidʒös
Zucker	**some sugar** ssamm <u>schu</u>gö

Unterwegs

Flugzeug

Plane

Ich möchte einen Flug nach London buchen.	**I'd like to book a flight to London.** eid leik tuh bukk ö fleit tuh <u>lan</u>dön
Hinflug / einfach	**single** <u>ss</u>inggöl
Hin- und Rückflug	**return** ritöhn
erste Klasse	**first class** föhsst klahss
Touristenklasse	**economy class** i<u>ko</u>nömi klahss
Gibt es Sondertarife?	**Are there any special fares?** ah ðäö änni <u>ss</u>päschöl fäos
Gibt es einen Flug nach Edinburgh?	**Is there a flight to Edinburgh?** is ðäö ö fleit tuh <u>ädd</u>inbrö
Ist es ein Direktflug?	**Is it a direct flight?** is itt ö dei<u>räk</u>t fleit
Wann geht der nächste Flug nach Dublin?	**When's the next flight to Dublin?** ᵘänns ðö näksst fleit tuh <u>dab</u>lin
Habe ich Anschluss nach Glasgow?	**Is there a connection to Glasgow?** is ðäö ö kon<u>näk</u>schön tuh <u>glahss</u>gooᵘ
Um wie viel Uhr startet die Maschine?	**What time does the plane take off?** ᵘott teim das ðö plä'n tä'k off
Wann muss ich einchecken?	**What time should I check in?** ᵘott teim schudd ei tschäkk in
Wie lautet die Flugnummer?	**What's the flight number?** ᵘotss ðö fleit <u>nam</u>bö
Um wie viel Uhr kommen wir an?	**What time do we arrive?** ᵘott teim duh ᵘie ö<u>rreiw</u>
Ich möchte meinen Flug …	**I'd like to … my flight.** eid leik tuh … mei fleit
stornieren	**cancel** <u>kæns</u>söl
bestätigen	**confirm** kon<u>föhm</u>
umbuchen	**change** tschä'ndʒ
Wie lange ist das Ticket gültig?	**How long is the ticket valid?** hau long is ðö <u>tikk</u>it <u>væ</u>lid

ARRIVAL	DEPARTURE
ANKUNFT	ABFLUG

Bahn   Rail

Die britische Eisenbahnnetz *British Rail* (in Schottland die *ScotRail*) war einst staatlich, wurde jedoch seit Anfang der Neunzigerjahre kontinuierlich privatisiert, sodass inzwischen über 20 verschiedene Unternehmen am Bahnverkehr in Großbritannien beteiligt sind.

Falls Sie viele Bahnreisen innerhalb Großbritanniens planen, bietet sich hierfür der BritRail-Pass an, der Ihnen unbegrenzt viele Bahnfahrten im ganzen Land an 4, 8, 15 oder 22 aufeinander folgenden Tagen ermöglicht. Der BritRail-Pass, der unbedingt vor der Anreise gekauft werden muss, sollte in fast jedem Reisebüro erhältlich sein.

Die folgenden allgemeinen Redewendungen können auch für die anderen öffentlichen Verkehrsmittel verwendet werden.

Zum Bahnhof   To the railway station

Wo ist der Bahnhof?	**Where's the railway station?** ᵘäös ðö rä͜iᶫᵘä͜i sstä͜iᶫschön
Gibt es …?	**Is there …?** is ðäö
einen Bus	**a bus** ö bass
eine U-Bahn	**an underground** ön andögraund
Kann man zu Fuß hinkommen?	**Can I get there on foot?** kæn ei gätt ðäö onn futt
Taxi!	**Taxi!** tækssi
Bringen Sie mich bitte zum (Haupt-)Bahnhof.	**Take me to the (main) railway station, please.** tä͜ik mie tuh ðö (mä͜in) rä͜iᶫᵘä͜i sstä͜iᶫschön plies

ENTRANCE **EXIT** **TO THE PLATFORMS**	EINGANG AUSGANG ZU DEN BAHNSTEIGEN

Auskunft   Information

Wo ist (der/die/das) …?	**Where is …?** ᵘäö ris …
Information	**the information desk** ði infohmä͜iᶫschön dässk
Gleis 3	**platform 3** plætfohm θrie
Fahrkartenschalter	**the ticket office** ðö tikkit offiss

Fundbüro	**the lost property office**
	ðö losst propöti offiss
Gepäckaufbewahrung	**the left-luggage office**
	ðö läft-laggidʒ offiss
Restaurant	**the restaurant** ðö rässtörönt
Schnellimbiss	**the snack bar** ðö ssnæk bah
Wartesaal	**the waiting-room** ðö ᵘäiting ruhm
Zeitungsstand	**the newsstand** ðö njuhsstænd
Wo sind die ...?	**Where are the ...?** ᵘäö rah ðö
Schließfächer	**(left-luggage) lockers**
	(läft-laggidʒ) lokkös
Toiletten	**toilets** teulitss
Wann fährt der ...	**When is the ...** ᵘänn is ðö ...
Zug nach Oxford?	**train to Oxford?** träᶦn tuh okssföd
erste/letzte/nächste	**first/last/next** föhsst/lahsst/näksst
Was kostet die Fahrt nach Manchester?	**What's the fare to Manchester?** ᵘottss ðö fäö tuh mæntschisstö
Ist es ein Intercity?	**Is it an intercity (train)?** is itt ön intössiti (träᶦn)
Muss ich einen Zuschlag zahlen?	**Do I have to pay a supplementary fare?** duh ei hæw tu päᶦ ö ssaplimäntöri fäö
Gibt es einen Anschluss-zug nach Dover?	**Is there a connection to Dover?** is ðäö ö konnäkschön tuh dooᵘwö
Muss ich umsteigen?	**Do I have to change trains?** duh ei hæw tuh tschäᶦndʒ träᶦns
Reicht die Zeit zum Umsteigen?	**Is there enough time to change?** is ðäö inaff teim tuh tschäᶦndʒ
Ist der Zug pünktlich?	**Is the train running on time?** is ðö träᶦn ranning on teim
Wann kommt der Zug in Norwich an?	**What time does the train arrive in Norwich?** ᵘott teim das ðö träᶦn örreiw in noridʒ
Hält der Zug in Brighton?	**Does the train stop in Brighton?** das ðö träᶦn sstop in breitön
Hat der Zug einen Speisewagen/ Schlafwagen?	**Is there a dining car/a sleeping car on the train?** is ðäö ö deining kah/ö sslieping kah on ðö träᶦn

Von welchem Gleis fährt der Zug nach York?

What platform does the train to York leave from? ᵁott plætfohm das ðö träᶦn tuh johk liew from

Auf welchem Gleis kommt der Zug aus Bristol an?

What platform does the train from Bristol arrive at? ᵁott plætfohm das ðö träᶦn from brisstöl örreiw æt

Ich hätte gerne einen Fahrplan.

I'd like a timetable, please. eid leik ö teimtäᶦböl plies

SMOKER RAUCHER	**NONSMOKER** NICHTRAUCHER

Das hören Sie

It's a through train.	Es ist ein durchgehender Zug.
You have to change at …	Sie müssen in … umsteigen.
Change at Leeds and get a local train.	Steigen Sie in Leeds in einen Nahverkehrszug um.
There's a train to Exeter at …	Es gibt um … einen Zug nach Exeter.
Your train will leave from platform 8.	Der Zug fährt auf Gleis 8 ab.
There'll be a delay of … minutes.	Der Zug hat … Minuten Verspätung.
First class at the front/in the middle/at the end/rear.	Die erste Klasse befindet sich an der Spitze/in der Mitte/am Ende des Zuges.

Fahrkarten   Tickets

Eine Fahrkarte nach Bath, bitte.

A ticket to Bath, please. ö tikkit tuh bahθ plies

einfach **single** ssingöl

hin und zurück **return** ritöhn

erste Klasse **first class** föhsst klahss

zweite Klasse **second class** ssäkönd klahss

Reservierung

Reservation

Ich möchte … reservieren.	**I'd like to reserve …** eid leik tuh risöhw
einen (Fenster-) Platz	**a seat (by the window)** ö ssiet (bei ðö ⁿindooⁿ)
einen Platz im Liegewagen	**a berth in the couchette** ö böhθ in ðö kuhschät
oben	**upper** appö
in der Mitte	**middle** middöl
unten	**lower** loo ⁿö
einen Platz im Schlafwagen	**a berth in the sleeping car** ö böhθ in ðö sslieping kah

Auf dem Bahnsteig

On the platform

Fährt der Zug nach London von diesem Gleis ab?	**Is this the right platform for the train to London?** is ðiss ðö reit plætfohm foh ðö trä'n tuh landön
Ist das der Zug nach Liverpool?	**Is this the train to Liverpool?** is ðiss ðö träin tuh liwöpuhl
Hat der Zug aus Leeds Verspätung?	**Is the train from Leeds late?** is ðö trä'n from lieds lät
Wo ist Gleis 3?	**Where is platform 3?** ⁿäö ris plætfohm θrie
Wo ist Wagen Nr. …?	**Where is carriage no. …?** ⁿäö ris kæridʒ nambö

FIRST CLASS ERSTE KLASSE	**SECOND CLASS** ZWEITE KLASSE

Im Zug

On the train

Entschuldigen Sie, könnten Sie mich bitte vorbeilassen?	**Excuse me. May I get past, please?** iksskjuhs mie. mä' ei gätt pahsst plies
Ist dieser Platz besetzt?	**Is this seat taken?** is ðiss ssiet tä'kön
Entschuldigung, aber ich glaube, das ist mein Platz.	**Sorry, but I think that's my seat.** ssorri bat ei θink ðætss mei ssiet

Stört es Sie, wenn ich das Fenster auf-/zumache?
Do you mind if I open/close the window? duh juh meind iff ei oo{ᵘ}pön/kloo{ᵘ}s öö {ᵘ}indoo{ᵘ}

Sagen Sie mir bitte Bescheid, wenn wir in Durham ankommen?
Would you let me know before we get to Durham, please? {ᵘ}udd juh lätt mie noo{ᵘ} bifoh {ᵘ}ie gätt tuh darröm plies

Wo sind wir?
Where are we? {ᵘ}äö ah {ᵘ}ie

Wie lange hält der Zug hier?
How long does the train stop here? hau long das öö trä'n sstop hieö

Wann kommen wir in Chester an?
When do we get to Chester? {ᵘ}änn duh {ᵘ}ie gätt tuh tschässtö

Wo ist bitte der Speisewagen?
Where's the dining car, please? {ᵘ}äös öö deining kah plies

Schlafwagen
Sleeping car

Sind im Schlafwagen noch Abteile frei?
Are there any free compartments in the sleeping car? ah ðäö änni frie kompahtmöntss in öö sslieping kah

Wo ist der Schlafwagen?
Where's the sleeping car? {ᵘ}äös öö sslieping kah

Wo ist mein Schlafplatz?
Where's my berth? {ᵘ}äös mei böhθ

Ich würde gerne unten schlafen.
I'd like a lower berth, please. eid leik ö loo{ᵘ}ö böhθ plies

Könnten Sie mich um 7 Uhr wecken?
Would you wake me at 7 o'clock? {ᵘ}udd juh {ᵘ}äk mie æt ssäwwön o klokk

Gepäck
Luggage

Wo sind die Schließfächer?
Where are the luggage lockers? {ᵘ}äö rah öö laggidʒ lokkös

Wo ist die Gepäckaufbewahrung?
Where's the left-luggage office? {ᵘ}äös öö läft-laggidʒ offiss

Ich möchte mein Gepäck abgeben.
I'd like to leave my luggage, please. eid leik tuh liew mei laggidʒ plies

Können Sie mir bitte mit meinem Gepäck helfen?
Can you help me with my luggage, please? kæn juh hälp mie {ᵘ}ið mei laggidʒ plies

Wo sind die Kofferkulis?
Where are the luggage trolleys? {ᵘ}äö rah öö laggidʒ trollies

Überlandbus   Coach

Dank eines gut ausgebauten Verkehrsnetzes zwischen allen größeren Städten kommt man mit den Überlandbussen (*coaches*) der Gesellschaft *National Express* bequem und preiswert ans Ziel.

Wann fährt der nächste Bus nach …?	**When's the next coach to …?** ᵘänns öö näksst kooᵘtsch tuh
Hält der Bus in …?	**Does this coach stop at …?** das öiss kooᵘtsch sstop æt
Wie lange dauert die Fahrt?	**How long does the journey take?** hau long das öö <u>dʒöh</u>ni täˈk

Bus   Bus

In den meisten Städten bekommen Sie die Busfahrkarten direkt beim Fahrer, sollten allerdings das passende Kleingeld dafür bereithalten.
Die Netzkarte *London Visitor Travelcard* ist in allen öffentlichen Verkehrsmitteln Londons gültig und ist erhältlich für drei, vier oder sieben Tage.

Welcher Bus fährt ins Stadtzentrum?	**Which bus goes to the town centre?** ᵘitsch bass gooᵘs tuh öö taun <u>ssän</u>tör
Welchen Bus muss ich nach *Victoria Station* nehmen?	**Which bus do I take to Victoria Station?** ᵘitsch bass duh ei täˈk tuh wik<u>toh</u>riö <u>sstä</u>ˈschön
Wo ist die Bushaltestelle?	**Where's the bus stop?** ᵘäös öö bass sstop
Wo ist die Endstation?	**Where's the terminus?** ᵘäös öö <u>töh</u>minöss
Wann fährt der … Bus nach Pimlico?	**When is the … bus to Pimlico?** ᵘänn is öö … bass tuh <u>pim</u>likooᵘ
erste/letzte/nächste	**first/last/next** föhsst/lahsst/näksst
Was kostet es nach …?	**How much is the fare to …?** hau matsch is öö fäö tuh
Muss ich umsteigen?	**Do I have to change buses?** duh ei hæw tuh tschäˈndʒ bassis
Wie viele Haltestellen sind es bis …?	**How many stops are there to …?** hau <u>män</u>ni sstopss ah <u>öäö</u> tuh

| Können Sie mir bitte sagen, wann ich aussteigen muss? | **Will you tell me when to get off, please?**
ᵘill juh täll mie ᵘänn tuh gätt off plies |
| Ich möchte an der *St. Paul's Cathedral* aussteigen. | **I want to get off at St. Paul's.**
ei ᵘant tuh gätt off æt ssäᵗnt pohls |

| **BUS STOP**
REQUEST STOP | BUSHALTESTELLE
BEDARFSHALTE-
STELLE |

U-Bahn   Underground

Die Londoner U-Bahn, *underground* oder einfach *tube* („Röhre") genannt, ist das schnellste Verkehrsmittel und fährt von 6 Uhr bis ungefähr 24 Uhr. An allen Eingängen, auf den Bahnsteigen und in den Zügen hängt gut sichtbar der Plan des Streckennetzes.

Wo ist die nächste U-Bahn-Station?	**Where's the nearest underground station?** ᵘäös ðö niörösst andögraund sstäᵗschön
Fährt dieser Zug nach …?	**Does this train go to …?** das ðiss träᵗn gooᵘ tuh
Wo muss ich nach … umsteigen?	**Where do I change for …?** ᵘäö duh ei tschäᵗndʒ foh
Ist die nächste Station …?	**Is the next station …?** is ðö näksst sstäᵗschön
Welche Linie fährt nach …?	**Which line goes to …?** ᵘitsch lein gooᵘs tuh

Schiff   Boat/Ship

Wann fährt ein Schiff/eine Fähre nach …?	**When is there a boat/a ferry for …?** ᵘänn is ðäö ö booᵘt/ö färri foh
Wie lange dauert die Überfahrt?	**How long does the crossing take?** hau long das ðö krossing täᵗk
Wann legen wir in … an?	**When do we call at …?** ᵘänn duh ᵘie kohl æt
Ich würde gern eine Hafenrundfahrt machen.	**I'd like to take a tour of the harbour.** eid leik tuh täᵗk ö tuhö ow ðö hahbö

Autofähre	**car ferry** kah färri
Boot	**boat** boo^ut
Dampfschiff	**steamboat** sstiemboo^ut
Deck	**deck** däkk
Fähre	**ferry** färri
Flussfahrt	**river trip** riwö tripp
Hafen	**port** poht
Kabine	**cabin** kæbin
Einzel-/Zweier-	**single/double** ssinggöl/daböl
Kreuzfahrt	**cruise** kruhs
Rettungsboot	**life boat** leif boo^ut
Rettungsring	**life belt** leif bält
Schiff	**boat/ship** boo^ut/schipp
Tragflächenboot	**hydrofoil** heidroo^ufeul

Fahrradverleih Bicycle hire

| Ich möchte ein Fahrrad leihen. | **I'd like to hire a bicycle.** eid leik tuh heiö ö beissiköl |

Weitere Transportmittel Other means of transport

Hubschrauber	**helicopter** hälikoptö
Moped	**moped** moo^upäd
Motorrad	**motorbike** moo^utöbeik
Motorroller	**scooter** sskuhtö

Oder vielleicht wollen Sie lieber:

trampen	**to hitchhike** tuh hitschheik
wandern	**to hike** tuh heik
zu Fuß gehen	**to walk** tuh ^uohk

Auto Car

Die Straßen und Autobahnen Großbritanniens sind zum allergrößten Teil gebührenfrei. Etwas gewöhnungsbedürftig ist zunächst der Linksverkehr. Das Anlegen der Sicherheitsgurte (*seat belts*) ist Pflicht.

Aufgrund des immens hohen Verkehrsaufkommens in den Londoner Innenstadtbezirken müssen Autofahrer dort eine tägliche Staugebühr (*congestion charge*) bezahlen.

Wo ist die nächste Tankstelle?	**Where's the nearest petrol station?** ᵘäös ðö niörösst pätröl sstäˈschön
Bitte voll tanken.	**Fill her up, please.** fill höhr app plies
Normalbenzin	**two-star petrol** tuhsstah pätröl
Superbenzin	**four-star (petrol)** fohsstah pätröl
Diesel	**diesel** diesöl
bleifrei	**unleaded** anlädid
Kontrollieren Sie bitte die/das …	**Please check …** plies tschäkk
Batterie	**the battery** ðö bættöri
Bremsflüssigkeit	**the brake fluid** ðö bräˈk fluid
Öl	**the oil** ði eul
Wasser	**the water** ðö ᵘohtö
Können Sie bitte den Reifendruck prüfen?	**Could you check the tyre pressure, please?** kudd juh tschäkk ðö teiö präschö plies
Vorne 1,6, hinten 1,8.	**1.6 front, 1.8 rear.** ᵘann peunt ssikss front ᵘann peunt äˈt rieö
Bitte kontrollieren Sie auch den Ersatzreifen.	**Please check the spare tyre, too.** plies tschäkk ðö sspäö teiö tuh
Können Sie diesen Reifen flicken?	**Can you mend this puncture?** kæn juh mänd ðiss panktschö
Würden Sie bitte die/den … wechseln?	**Would you change the …, please?** ᵘudd juh tschäˈndʒ ðö … plies
Glühbirne	**light bulb** leit balb
Keilriemen	**fan belt** fæn bält
Reifen	**tyre** teiö
Scheibenwischer	**wipers** ᵘeipös
Zündkerzen	**sparking plugs** sspahking plags
Reinigen Sie bitte die Windschutzscheibe.	**Would you clean the windscreen, please?** ᵘudd juh klien ðö ᵘindsskrien plies
Gibt es eine Waschanlage?	**Is there a car wash?** is ðäör ö kah ᵘosch

Weg – Richtung

Wie komme ich nach …?	**How do I get to …?** hau duh ei gätt tuh
Sind wir auf der richtigen Straße nach …?	**Are we on the right road for …?** ah ⁿie on ðö reit rooᵘd foh
Gibt es eine wenig befahrene Straße?	**Is there a road with little traffic?** is ðäör ö rooᵘd ⁿið littöl træfik
Wie weit ist es bis/nach …?	**How far is it to …?** hau fah is itt tuh
Gibt es eine Autobahn?	**Is there a motorway?** is ðäör ö mooᵘtöᵘai
Wie lange braucht man mit dem Auto/zu Fuß?	**How long does it take by car/on foot?** hau long das itt tä'k bei kah/on futt
Kann ich bis ins Stadtzentrum fahren?	**Can I drive to the centre of town?** kæn ei dreiw tuh ðö ssäntö ow taun
Können Sie mir sagen, wo … ist?	**Can you tell me where … is?** kæn juh täll mie ⁿäö … is
Wie komme ich zu diesem Ort/dieser Adresse?	**How do I get to this place/this address?** hau duh ei gätt tuh ðiss plä'ss/ðiss ödräss
Wo ist/liegt das?	**Where's this?** ⁿäös ðiss
Können Sie mir bitte auf der Karte zeigen, wo ich bin?	**Can you show me on the map where I am, please?** kæn juh schooᵘ mie on ðö mæp ⁿäö ei æm plies

Das hören Sie

You're on the wrong road.	Sie sind auf der falschen Straße.
Go straight ahead.	Fahren Sie geradeaus.
It's down there …	Es ist da vorne …
opposite/behind …	gegenüber/hinter …
next to/after …	neben/nach …
north/south/east/west	Nord/Süd/Ost/West
Go to the first/second crossroads.	Fahren Sie bis zur ersten/zweiten Kreuzung.
Turn left at the traffic lights.	Biegen Sie bei der Ampel links ab.
Turn right at the next corner.	Biegen Sie an der nächsten Ecke rechts ab.

It's a one-way street.	Es ist eine Einbahnstraße.
You have to go back to …	Sie müssen zurück nach …
Follow the signs for York.	Folgen Sie den Schildern nach York.

Parken — Parking

Gibt es in der Nähe …?
Is there a … nearby?
is ðäör ö … nieöbei

einen Parkplatz
car park kah pahk

ein Parkhaus
multistorey car park maltisstohri kah pahk

Darf ich hier parken?
May I park here? mä¹ ei pahk hieö

Wie lange kann ich hier parken?
How long can I park here?
hau long kæn ei pahk hieö

Wie viel kostet es pro Stunde?
What's the charge per hour?
ᵘottss ðö tschahdʒ pö auö

Haben Sie Kleingeld für die Parkuhr?
Do you have some change for the parking meter? duh juh hæw ssamm tschä¹ndʒ foh ðö pahking mietö

Ist der Parkplatz bewacht?
Is there a parking attendant?
is ðäör ö pahking ötändönt

Panne – Pannenhilfe — Breakdown – Breakdown service

Ich habe eine Autopanne.
My car has broken down.
mei kah hæs brooᵘkön daun

Können Sie mir helfen?
Can you help me? kæn juh hälp mie

Wo kann ich telefonieren?
Where can I make a phone call?
ᵘäö kæn ei mä¹k ö fooᵘn kohl

Bitte schicken Sie einen Abschleppwagen.
Can you send a breakdown van, please?
kæn juh ssänd ö brä¹kdaun wæn plies

Mein Auto springt nicht an.
My car won't start.
mei kah ᵘooᵘnt sstaht

Die Batterie ist leer.
The battery is dead. ðö bætöri is dädd

Mir ist das Benzin ausgegangen.
I've run out of petrol.
eiw rann aut ow pätröl

Ich habe eine Reifenpanne.	**I have a flat tyre.** ei hæw ö flæt <u>tei</u>ö
Der/Die/Das … ist/sind nicht in Ordnung.	**There's something wrong with …** ðäös <u>ssam</u>θing rong ^uið …
Auspuff	**the exhaust pipe** ði ig<u>sohsst</u> peip
Bremsen	**the brakes** ðö bräⁱkss
Bremslichter	**the brake lights** ðö bräⁱk leitss
elektrische Anlage	**the electrical system** ði iläktriköl <u>ssiss</u>töm
Gangschaltung	**the gears** ðö <u>gie</u>ös
Kühler	**the radiator** ðö <u>rä</u>ⁱdiäⁱtö
Kupplung	**the clutch** ðö klatsch
Motor	**the motor** ðö <u>moo</u>^utö
Lenkrad	**the steering wheel** ðö <u>sstier</u>ing ^uiel
Scheinwerfer	**the headlights** ðö <u>häd</u>leitss
Steuerung	**the steering** ðö <u>sstier</u>ing
Vergaser	**the carburettor** ðö kahbjurättö
Zündung	**the ignition** ði ig<u>ni</u>schön
Können Sie mir einen/ein … leihen?	**Can you lend me …?** kæn juh länd mie
Abschleppseil	**a towrope** ö <u>too</u>^uroo^up
Benzinkanister	**a jerry can** ö <u>dʒä</u>ri kæn
Schraubenschlüssel	**a spanner** ö <u>sspæ</u>nö
Wagenheber	**a jack** ö dʒæk
Werkzeug	**some tools** ssamm tuhls
Wo ist die nächste Reparaturwerkstatt?	**Where's the nearest garage?** ^uäös ðö <u>nie</u>rösst <u>gæ</u>ridʒ

Reparatur — Repair

Können Sie mein Auto reparieren?	**Can you repair my car?** kæn juh ri<u>päö</u> mei kah
Wie lange wird das dauern?	**How long will it take?** hau long ^uill it täⁱk
Können Sie mir einen Kostenvoranschlag machen?	**Can you give me an estimate?** kæn juh giw mie ön <u>äss</u>timöt

Unfall – Polizei

Rufen Sie bitte die Polizei.

Es hat einen Unfall gegeben, ungefähr 2 Meilen von … entfernt.

Es hat Verletzte gegeben.

Rufen Sie schnell einen Arzt/einen Krankenwagen.

Wie ist Ihr Name und Ihre Anschrift?

Wo sind Sie versichert?

Accident – Police

Please call the police.
plies kohl ðö pöliess

There's been an accident. It's about 2 miles from … ðääs bien ön ækssidönt. itss öbaut tuh meils fromm

There are people injured.
ðäör ah piepöl indʒöd

Call a doctor/an ambulance quickly.
kohl ö doktö/ön æmbjulönss kᵘikkli

What's your name and address?
ᵘottss joh näˈm ænd ödräss

What's your insurance company?
ᵘottss joh inschurönss kompöni

Verkehrsschilder

Road signs

DANGER	Gefahr
DIVERSION	Umleitung
EXIT	Ausfahrt
GIVE WAY	Vorfahrt gewähren
KEEP LEFT	Links fahren
LEVEL CROSSING	Bahnübergang
NO OVERTAKING	Überholverbot
NO PARKING	Parkverbot
NO STOPPING	Absolutes Halteverbot
NO WAITING	Eingeschränktes Halteverbot
ONE WAY	Einbahnstraße
PEDESTRIANS	Fußgänger
REDUCE SPEED NOW	Geschwindigkeit herabsetzen
ROAD WORKS AHEAD	Straßenarbeiten
ROUNDABOUT	Kreisverkehr
SCHOOL	Schule
SLOW	Langsam

Urlaubsaktivitäten

Besichtigungen
Sightseeing

Wo ist …?
Where is …?

Wo ist das Fremdenverkehrsamt?
Where's the tourist office?
ᵁäös ðö tuhrisst offiss

Was sind die Haupt-sehenswürdigkeiten?
What are the main places of interest?
ᵁott ah ðö mä'n plä'ssis ow inträsst

Wir sind … hier.
We're here for … ᵁieö hieö foh

nur für ein paar Stunden
only a few hours ooᵁnli ö fjuh auös

für einen Tag
a day ö dä'

für eine Woche
a week ö ᵁiek

Können Sie uns eine Stadtrundfahrt/einen Ausflug empfehlen?
Can you recommend a sightseeing tour/an excursion? kæn juh räkömänd ö sseitssieing tuö/ön ikssköhschön

Von wo fahren wir ab?
Where do we leave from?
ᵁäö duh ᵁie liew fromm

Holt uns der Bus beim Hotel ab?
Will the bus pick us up at the hotel?
ᵁill ðö bass pikk ass app æt ðö hooᵁtäll

Was kostet die (Rund-)Fahrt?
How much does the tour cost?
hau matsch das ðö tuö kosst

Wann beginnt die (Rund-)Fahrt?
What time does the tour start?
ᵁott teim das ðö tuö sstaht

Ist das Mittagessen inbegriffen?
Is lunch included?
is lantsch inkluhdid

Wann werden wir zurück sein?
What time do we get back?
ᵁott teim duh ᵁie gätt bæk

Haben wir in … Zeit zur freien Verfügung?
Do we have free time in …?
duh ᵁie hæw frie teim inn

Gibt es einen Deutsch sprechenden Führer?
Is there a German-speaking guide?
is ðäör ö dʒöhmönsspieking geid

Wo ist/Wo sind der/die/das …?
Where is/Where are …?
ᵁäö ris/ᵁäö rah

Abtei
the abbey ði æbi

Altstadt
the old town ði ooᵁld taun

Ausstellung	**the exhibition** ði äkssibischön
Börse	**the stock exchange** ðö sstok iksstschä'nd3
botanische Garten	**the botanical gardens** ðö botæniköl gahdöns
(Spring-)Brunnen	**the fountain** ðö fauntön
Burg	**the castle** ðö kahssöl
Denkmal	**the monument/memorial** ðö monjuhmönt/mämohriöl
Einkaufsviertel	**the shopping area** ðö schopping äöriö
Festung	**the fortress** ðö fohtriss
Flohmarkt	**the flea market** ðö flie mahkitt
Friedhof	**the cemetery** ðö ssämitri
Gericht	**the court house** ðö koht hauss
Geschäftsviertel	**the business district** ðö bisniss disstrikt
Grab	**the tomb** ðö tuhm
Grünanlagen	**the gardens** ðö gahdöns
Hafen	**the harbour** ðö hahbö
Hafenanlagen	**the docks** ðö dokss
Innenstadt	**the city/town centre** ðö ssitti/taun ssäntö
Kapelle	**the chapel** ðö tschæpöl
Kathedrale	**the cathedral** ðö köθiedröl
Kirche	**the church** ðö tschöhtsch
Kloster (*Frauen*)	**the convent** ðö konvönt
Kloster (*Männer*)	**the monastery** ðö monösstri
königliche Palast	**the royal palace** ðö rojöl pæliss
Kongresszentrum	**the conference centre** ðö konfrönss ssäntö
Konzerthalle	**the concert hall** ðö konssöht hohl
Kreuzgang	**the cloisters** ðö kleusstös
Kunstgalerie	**the art gallery** ði aht gælöri
Künstlerviertel	**the artists' quarter** ði ahtisstss kᵘohtö
Markt	**the market** ðö mahkitt
Messe	**the fair** ðö fäö
Museum	**the museum** ðö mjusiöm

Opernhaus	**the opera house** ði oprö hauss	
Palast	**the palace** ðö pæliss	
Park	**the park** ðö pahk	
Parlamentsgebäude	**the parliament** (**building**) / **the Houses of Parliament** (*in London*) ðö pahlömönt (bilding) / ðö hausis ow pahlömönt	
Planetarium	**the planetarium** ðö plænötäöriöm	
Platz	**the square** ðö ssk^uäö	
Rathaus	**the city/town hall** ðö ssitti/taun hohl	
Ruinen	**the ruins** ðö ruhins	
Schloss	**the castle** ðö kahssöl	
See	**the lake** ðö läⁱk	
Stadion	**the stadium** ðö sstäⁱdiöm	
Stadtmauern	**the city walls** ðö ssitti ^uohls	
Stadtzentrum	**the city/town centre** ðö ssitti/taun ssäntör	
Statue	**the statue** ðö sstætjuh	
Sternwarte	**the observatory** ði obsöhwötri	
Theater	**the theatre** ðö θiötö	
Tor	**the gate** ðö gäⁱt	
Turm	**the tower** ðö tauö	
Universität	**the university** ði juhniwöhssiti	
Vorort	**the suburb** ðö ssaböhb	
Zoo	**the zoo** ðö suh	

Eintritt   Admission

Ist ... sonntags geoffnet?	**Is ... open on Sundays?** is ... oo^upön on ssandäⁱs
Können Sie mir die Öffnungszeiten nennen?	**What are the opening hours?** ^uott ah ði oo^upöning auös
Wann schließen Sie?	**When does it close?** ^uänn das itt kloo^us
Was kostet der Eintritt?	**What is the entrance fee?** ^uott is ði äntrönss fie

Gibt es Ermäßigung für …?	**Is there any reduction for …?** is <u>ð</u>äö änni ri<u>dak</u>schön foh
Behinderte	**disabled persons** disä'böld <u>pöh</u>ssöns
Gruppen	**groups** gruhpss
Kinder	**children** t<u>schild</u>rön
Rentner	**pensioners** <u>pän</u>schönös
Studierende	**students** sst<u>juh</u>döntss
Haben Sie einen Führer (auf Deutsch)?	**Do you have a guide-book (in German)?** duh juh hæw ö <u>geid</u>bukk (in d<u>ʒöh</u>mön)
Darf man fotografieren?	**Is it all right to take pictures?** is itt ol reit tuh tä'k <u>pik</u>tschöhs

ADMISSION FREE	EINTRITT FREI
NO CAMERAS ALLOWED	FOTOGRAFIEREN VERBOTEN

Wer – Was – Wann? Who – What – When?

Was ist das für ein Gebäude?	**What's that building?** ^uottss ðæt <u>bild</u>ing
Wer war der/die …?	**Who was …?** huh ^uos
Architekt(in)	**the architect** ði <u>ahki</u>täkt
Bildhauer(in)	**the sculptor** ðö <u>sskalp</u>tö
Künstler(in)	**the artist** ði <u>ah</u>tisst
Maler(in)	**the painter** ðö pä'ntö
Wer hat es erbaut?	**Who built it?** huh bilt itt
Wann wurde es gebaut?	**When was it built?** ^uänn ^uos itt bilt
Wer hat dieses Bild gemalt?	**Who painted this picture?** huh pä'ntid ðiss <u>pik</u>tschö
Wann hat er/sie gelebt?	**When did he/she live?** ^uänn didd hie/schie liw
Wo ist das Haus, in dem … lebte?	**Where's the house where … lived?** ^uäös ðö hauss ^uäö … liwd
Gibt es eine Führung?	**Is there a guided tour?** is <u>ð</u>äör ö <u>geid</u>öd <u>tuh</u>ö

Wir interessieren uns für …	**We're interested in …** ʉieö intrösstid inn
Antiquitäten	**antiques** æntiekss
Archäologie	**archaeology** ahkiollödʒi
Architektur	**architecture** ahkitektschö
barock	**baroque** börok
gotisch	**Gothic** goθik
modern	**modern** modön
romanisch	**Romanesque** rooʉmönessk
Bildhauerei	**sculpture** sskalptschö
Botanik	**botany** bottöni
Geologie	**geology** dʒiollödʒi
Geschichte	**history** hisstöri
Keramik	**ceramics** ssöræmikss
Kunst	**art** aht
Kunsthandwerk	**arts and crafts** ahtss ænd krahftss
Literatur	**literature** litritschö
Malerei	**painting** päʼnting
Möbel	**furniture** föhnitschö
Mode	**fashion** fæschön
Münzen	**coins** keuns
Musik	**music** mjuhsik
Naturkunde	**natural history** nætschöröl hisstöri
Politik	**politics** politikss
Religion	**religion** rilidʒön
Töpferei	**pottery** pottöri
Vogelkunde	**ornithology** ohniθollödʒi
Völkerkunde	**ethnology** äθnollödʒi
Zoologie	**zoology** sohollödʒi
Wo ist die Abteilung für …?	**Where's the … department?** ʉäös ðö … dipahtmönt
Es ist …	**It's …** itss
eindrucksvoll	**impressive** imprässiw
großartig	**magnificent** mægnifissönt

hässlich	**ugly** agli
prächtig	**superb** ssjuhpöhb
hübsch	**pretty** pritti
interessant	**interesting** intrössting
romantisch	**romantic** roo^umæntik
schön	**beautiful** bjuhtiföl
schrecklich	**horrible** horriböl
seltsam	**strange** sstr'äⁱndʒ
toll	**fantastic** fæntæsstik
unheimlich	**sinister** ssinisstö

Gottesdienste — Religious services

Gibt es hier eine …?	**Is there a …?** is ðäör ö
evangelische Kirche	**Protestant church** prottisstönt tschöhtsch
katholische Kirche	**Catholic church** kæθölik tschöhtsch
Moschee	**mosque** mossk
Synagoge	**synagogue** ssinnögog
Um wie viel Uhr beginnt …?	**What time is … at?** ^uott teim is … æt
der Gottesdienst	**the service** ðö ssöhwiss
die Messe	**mass** mæss
Wo finde ich einen Deutsch sprechenden …?	**Where can I find a … who speaks German?** ^uäö kæn ei feind ö … huh sspiekss dʒöhmön
Pfarrer/Priester/Rabbiner	**minister/priest/rabbi** minnisstö/priesst/ræbbei
Ich würde gerne die Kirche besichtigen.	**I'd like to visit the church.** eid leik tuh wisit ðö tschöhtsch

Auf dem Land — In the country

Gibt es eine landschaftlich schöne Straße nach …?	**Is there a scenic route to …?** is ðäör ö ssienik ruht tuh
Wie weit ist es bis …?	**How far is it to …?** hau fah is itt tuh
Können wir zu Fuß gehen?	**Can we get there on foot?** kæn ^uie gätt ðäö onn futt

Wie hoch ist dieser Berg?	**How high is this mountain?** hau hei is ðiss <u>maunt</u>ön
Was für ein(e) … ist das?	**What's the name of that …?** ᵘottss ðö näⁱm ow ðæt
Baum/Blume/Pflanze/Tier/Vogel	**tree/flower/plant/animal/bird** trie/<u>flau</u>ö/plahnt/<u>æ</u>nimöl/böhd

Bach	**brook** brukk
Bauernhof	**farm** fahm
Berg	**mountain** <u>maunt</u>ön
Brücke	**bridge** bridʒ
Dorf	**village** <u>will</u>idʒ
Feld	**field** field
Fluss	**river** <u>ri</u>wö
Fußweg	**footpath** <u>fut</u>paθ
Garten	**garden** <u>g</u>ahdön
Haus	**house** hauss
Heide	**heath** hieθ
Höhle	**cave** käⁱw
Hügel	**hill** hill
Kanal	**canal** könæl
Klippe	**cliff** kliff
Mauer	**wall** ᵘohl
Meer	**sea** ssie
Pass	**(mountain) pass** (<u>maunt</u>ön) pahss
Quelle	**spring** sspring
See	**lake** läⁱk
Straße	**road** rooᵘd
Tal	**valley** <u>wæ</u>lli
Teich	**pond** pond
Wald	**wood** ᵘudd
Wasserfall	**waterfall** ᵘ<u>oht</u>öfohl
Weg	**path** pahθ
Wiese	**meadow** <u>mä</u>dooᵘ

Unterhaltung

In den meisten Städten gibt es Veranstaltungskalender, die in den größeren Hotels, an Kiosken oder bei der Touristeninformation erhältlich sind (z.B. in London *What's on* oder *Time out*).

Haben Sie einen Veranstaltungskalender?	**Do you have an entertainment guide?** duh juh hæw ön äntötä'nmönt geid
Wann beginnt der/die/das …?	**When does … start?** ^uänn das … sstaht
Aufführung	**the performance** ðö pöfohmönss
Film	**the film** ðö film
Konzert	**the concert** ðö konssöt
Vorstellung	**the show** ðö schoo^u
Wie lange wird es dauern?	**How long will it last?** hau long ^uill itt lahsst
Muss man vorbestellen?	**Do I have to book in advance?** duh ei hæw tuh bukk in ödwahnss
Wo ist die Theater-/Kinokasse?	**Where's the box office?** ^uäös ðö bokss offiss

Kino – Theater

Cinema – Theatre

Was läuft heute Abend im Kino?	**What's on at the cinema tonight?** ^uottss onn æt ðö ssinnömö tuneit
Was wird im …- Theater gespielt?	**What's playing at the … Theatre?** ^uottss plä'ing æt ðö … θiötö
Was für eine Art Stück ist das?	**What sort of play is it?** ^uott ssoht ow pläⁱ is itt
Von wem ist es?	**Who's it by?** huhs itt bei
Können Sie mir … empfehlen?	**Can you recommend a …?** kæn juh räkömänd ö
einen (guten) Film	(**good**) **film** (gudd) film
eine Komödie	**comedy** komödi
ein Musical	**musical** mjuhsiköl
Wo wird der Film von … gezeigt?	**Where's the film by … being shown?** ^uäös ðö film bei … biejing schoo^un
Mit welchen Schauspielern?	**Who are the actors?** huh ah ði æktöhs

Wer spielt die Hauptrolle?	**Who's playing the lead?** huhs pläⁱing ðö lied
Wer ist der Regisseur?	**Who's the director?** huhs ðö deiräktö

Oper – Ballett – Konzert Opera – Ballet – Concert

Können Sie mir … empfehlen?	**Can you recommend …?** kæn juh räkömänd
ein Ballett	**a ballet** ö bæläⁱ
ein Konzert	**a concert** ö konssöt
eine Oper	**an opera** ön oprö
eine Operette	**an operetta** ön opörättö
Wo ist das Opernhaus/die Konzerthalle?	**Where's the opera house/the concert hall?** ^uäös ði oprö hauss/ðöö konssöt hohl
Was wird heute Abend in der Oper gespielt?	**What's on at the opera tonight?** ^uottss onn æt ði oprö tuneit
Wer singt/tanzt?	**Who's singing/dancing?** huhs ssinging/dahnssing
Welches Orchester spielt?	**Which orchestra is playing?** ^uitsch ohkisströ is pläⁱing
Was wird gespielt?	**What are they playing?** ^uott ah ðäⁱ pläⁱing
Wer ist der/die Dirigent(in)/Solist(in)?	**Who's the conductor/the soloist?** huhs ðö kondaktö/ðö ssoloisst

Eintrittskarten Tickets

Gibt es noch Karten für heute Abend?	**Are there any tickets left for tonight?** ah ðäö änni tikkitss läft foh tuneit
Was kosten die Plätze?	**How much are the seats?** hau matsch ah ðö ssietss
Ich möchte zwei Plätze für … vorbestellen.	**I'd like to reserve two seats …** eid leik tuh risöhw tuh ssietss
Freitag(abend)	**for Friday (evening)** foh freidäⁱ (iewning)
die Nachmittagsvor- stellung (am Dienstag)	**for the matinée (on Tuesday)** foh ðö mætinäⁱ (on tjuhsdäⁱ)

Ich hätte gern einen Platz …	**I'd like a seat …** eid leik ö ssiet
im ersten Rang	**in the dress circle** in ðö dräss ssöhköl
im zweiten Rang	**in the upper circle** in ði appö ssöhköl
in einer Loge	**in a box** in ö bokss
im Parkett	**in the stalls** in ðö sstohls
irgendwo in der Mitte	**somewhere in the middle** ssam^uäö in ðö middöl
Wo ist die Garderobe?	**Where's the cloakroom?** ^uäös ðö kloo^ukruhm

Das hören Sie

| I'm sorry, we're sold out. There are only a few seats left in the dress circle. Your ticket, please. | Bedaure, es ist ausverkauft. Es gibt nur noch ein paar Plätze im ersten Rang. Kann ich bitte Ihre Karte sehen? |
| This is your seat. | Das ist Ihr Platz. |

Nachtklubs — Nightclubs

Können Sie mir einen guten Nachtklub empfehlen?	**Can you recommend a good night-club?** kän juh räkömänd ö gudd neitklab
Um wie viel Uhr beginnt die Vorstellung?	**What time does the show start?** ^uott teim das ðö schoo^u sstaht
Muss man in Abendgarderobe kommen?	**Is evening dress required?** is iewning dräss rik^ueiöd

Diskotheken — Discotheques

Wo können wir tanzen gehen?	**Where can we go dancing?** ^uäö kän ^uie goo^u dahnssing
Gibt es hier eine Diskothek?	**Is there a discotheque in town?** is ðäör ö dissköták in taun
Möchten Sie/Möchtest du tanzen?	**Would you like to dance?** ^uudd juh leik tuh dahnss

Sport   **Sports**

Großbritannien ist eine sportbegeisterte Nation. Besonders beliebte Sportarten sind Fußball, Cricket und Rugby.

Wetten (*betting*) werden vor allem bei Pferde- und Windhundrennen abgeschlossen.

In Pubs können Sie vielleicht anderen Gästen beim *darts* (einem beliebten Wurfpfeilspiel) oder beim *snooker* (einer Art Billard) zusehen oder auch selbst mitspielen.

Die Küstenregionen bieten gute Segel- und Windsurfmöglichkeiten. Schottland und Wales eignen sich besonders zum Angeln, Jagen, Golfen und Bergsteigen.

Gibt es irgendeine Sportveranstaltung?	**Are there any sporting events going on?**
	ah ᵭäö änni sspohting iwäntss goo^uing onn

Autorennen	**car racing** kah räⁱssing
Basketball	**basketball** bahsskötbohl
Cricket	**cricket** krikkit
Fußball	**football** futtbohl
Leichtathletik	**athletics** æθlätikss
Pferderennen	(**horse**) **racing** (hohss) räⁱssing
Radrennen	**cycle racing** sseiköl räⁱssing
Rudern	**rowing** roo^uing
Tennis	**tennis** tänniss
Volleyball	**volleyball** wollibohl

Findet dieses Wochenende ein Fußballspiel statt?	**Is there a football match this weekend?** is ᵭäör ö futtbohl mætsch ᵭiss ^uiekänd
Welche Mannschaften spielen?	**Which teams are playing?** ^uitsch tiems ah pläⁱjing
Können Sie mir eine Karte besorgen?	**Can you get me a ticket?** kän juh gätt mie ö tikkit
Ich möchte einen Boxkampf sehen.	**I'd like to see a boxing match.** eid leik tuh ssie ö boksing mætsch
Was kostet der Eintritt?	**What's the admission charge?** ^uottss ᵭi ödmischön tschahdʒ

| Wo ist die (Pferde-) Rennbahn? | **Where's the race course?**
ᵘäös ðö rä'ss kohss |

Und wenn Sie selbst Sport treiben wollen:

Gibt es einen Golfplatz/Tennisplatz?	**Is there a golf course/tennis court?** is ðäör ö golf kohss/tänniss koht
Ich würde gern Tennis spielen.	**I'd like to play tennis.** eid leik tuh plä' tänniss
Wie viel kostet es pro …?	**What's the charge per …?** ᵘottss ðö tschahdʒ pö
Tag/Spiel/Stunde	**day/round/hour** dä'/raund/auö
Kann ich Schläger ausleihen?	**Can I hire rackets?** kæn ei heiö rækittss

Bergsteigen	**mountaineering** mauntöniering
Golf	**golf** golf
Inlineskaten	**in-line skating** inlein sskäiting
Joggen	**jogging** dʒoging
Radfahren	**cycling** sseikling
Reiten	**(horse) riding** (hohss) reiding
Schlittschuhlaufen	**ice-skating** eiss-sskä'ting
Schwimmen	**swimming** ssᵘimming
Segeln	**sailing** ssä'ling
Skilaufen	**skiing** sskijing
Tennis	**tennis** tänniss
Wandern	**hiking** heiking
Windsurfen	**windsurfing** ᵘindssöhfing

Kann man hier in der Gegend gut angeln/jagen?	**Is there any good fishing/hunting around here?** is ðäö änni gudd fisching/hanting öraund hieö
Brauche ich einen Angelschein?	**Do I need a fishing licence?** duh ei nied ö fisching leissönss
Kann man im See/Fluss baden?	**Can you swim in the lake/river?** kæn juh ann ssᵘimm inn ðö lä'k/riwö
Gibt es hier ein Schwimmbad?	**Is there a swimming pool here?** is ðäör ö ssᵘimming puhl hieö

Ist es ein Freibad oder ein Hallenbad?	**Is it open-air or indoor?** is itt <u>oo</u>^upönäö oh <u>in</u>doh
Ist es beheizt?	**Is it heated?** is itt <u>hie</u>tid
Welche Temperatur hat das Wasser?	**What's the temperature of the water?** ^uottss öö <u>täm</u>prötschö ow öö ^uohtö

Strand

Beach

Ist der Strand sandig/steinig?	**Is the beach sandy/stony?** is öö bietsch <u>ssä</u>ndi/<u>sstoo</u>^uni
Ist es ungefährlich hier zu schwimmen?	**Is it safe to swim here?** is itt ssäⁱf tuh ss^uimm <u>hie</u>ö
Gibt es einen Rettungsschwimmer?	**Is there a lifeguard?** is <u>ð</u>äör ö <u>leif</u>gahd
Ist das Wasser tief?	**Is the water deep?** is öö ^uohtö diep
Heute ist hoher Wellengang.	**There are some big waves today.** <u>ð</u>äör ah ssamm bigg ^uäⁱws tö<u>dä</u>ⁱ
Gibt es gefährliche Strömungen?	**Are there any dangerous currents?** ah <u>ð</u>äö änni <u>dä</u>'nd<u>з</u>örös <u>kar</u>röntss
Wann ist Flut/Ebbe?	**What time is high tide/low tide?** ^uott teim is hei teid/loo^u teid
Ich möchte … mieten.	**I'd like to hire …** eid leik tuh <u>hei</u>ö
ein Motorboot	**a motorboat** ö <u>moo</u>^utöboo^ut
ein Ruderboot	**a rowing-boat** ö <u>ro</u>^uing-boo^ut
ein Segelboot	**a sailing-boat** ö <u>sä</u>ⁱling-boo^ut
einen Sonnenschirm	**a sunshade** ö <u>ssann</u>schäⁱd
eine Taucherausrüstung	**some skin diving equipment** ssamm sskinn <u>dei</u>wing ik^uipmönt
ein Tretboot	**a pedalo** ö <u>pä</u>döloo^u
Wasserski	**some water-skis** ssamm ^uohtö-sskies
ein Surfbrett	**a surfboard** ö <u>ssöhf</u>bohd

PRIVATE BEACH NO SWIMMING	PRIVATSTRAND BADEN VERBOTEN

Wintersport

Winter sports

Ich würde gern Ski laufen/Eis laufen.	**I'd like to ski/skate.** eid leik tuh sskie/sskä't
Gibt es in der Nähe eine Eisbahn?	**Is there a skating rink near here?** is ðäör ö sskä'ting rink nieö hieö
Ich möchte …	**I'd like …** eid leik
eine Skiausrüstung	**some skiing gear** ssam sskijing gieö
Schlittschuhe	**some skates** ssamm sskä'tss

Bekanntschaften

Sich vorstellen | Introductions

Darf ich Ihnen/dir … vorstellen?
May I introduce …?
mä^i ei intrödjuhss

Das ist …
This is … ðiss is

Ich heiße …
My name is … mei nä^{i}m is

Freut mich.
Pleased to meet you.
pliesd tuh miet juh

Wie heißen Sie/heißt du?
What's your name?
^{u}ottss joh nä^{i}m

Näheres Kennenlernen Follow up

Wie lange sind Sie/bist du schon hier?
How long have you been here?
hau long hæw juh bien hieö

Sind Sie/Bist du zum ersten Mal hier?
Is this your first visit?
is ðiss joh föhsst wisitt

Nein, wir waren letztes Jahr schon hier.
No, we came here last year.
noo^u ^{u}ie kä^{i}m hieö lahsst jieö

Gefällt es Ihnen/dir?
Are you enjoying yourself?
ah juh indʒeuing johssälf

Ja. Es gefällt mir sehr gut.
Yes, I like it very much.
jäss ei leik itt wärri matsch

Die Landschaft gefällt mir sehr.
I like the landscape a lot.
ei leik ðö lændsskä^{i}p ö lott

Wie finden Sie/findest du das Land/die Leute?
What do you think of the country/the people?
^{u}ott duh juh θink ow ðö kantri/ðö piepöl

Woher kommen Sie/kommst du?
Where do you come from?
^{u}äö duh juh kamm fromm

Ich bin aus …
I'm from … eim fromm

Ich bin …
I'm … eim

Deutsche(r)
German dʒöhmön

Österreicher(in)
Austrian ohsström

Schweizer(in)
Swiss ss^{u}iss

Sind Sie/Bist du …-er Herkunft?
Are you …? ah juh

britisch	**British** britisch
irisch	**Irish** eirisch
schottisch	**Scottish** sskottisch
Wo wohnen Sie/wohnst du?	**Where are you staying?** ᵁäör ah juh sstä'jing
Sind Sie/Bist du alleine hier?	**Are you on your own?** ah juh onn joh ooᵁn
Ich bin mit … hier.	**I'm with my …** eim ᵁið mei
meiner Frau	**wife** ᵁeif
meinem Mann	**husband** hasbönd
meiner Familie	**family** fæmili
meinen Kindern	**children** tschildrön
meinen Eltern	**parents** päröntss
meiner Freundin	**girlfriend** göhlfränd
meinem Freund	**boyfriend** beufränd

Großvater/Groß-mutter	**grandfather/grandmother** grændfaðö/grændmaðö
Vater/Mutter	**father/mother** faðö/maðö
Sohn/Tochter	**son/daughter** ssann/dohtö
Bruder/Schwester	**brother/sister** braðö/ssisstö
Onkel/Tante	**uncle/aunt** anköl/ahnt
Neffe/Nichte	**nephew/niece** näfjuh/niess
Cousin/Cousine	**cousin** kasön

Sind Sie/Bist du verheiratet/ledig?	**Are you married/single?** ah juh mærid/ssingöl
Haben Sie/Hast du Kinder?	**Do you have children?** duh juh hæw tschildrön
Was machen Sie/machst du beruflich?	**What do you do?** ᵁott duh juh duh
Wo arbeiten Sie/arbeitest du?	**Where do you work?** ᵁäö duh juh ᵁöhk
Ich bin Student(in).	**I'm a student.** eim ö sstjuhdönt
Was studieren Sie/studierst du?	**What are you studying?** ᵁott ah juh sstadijing

Ich bin auf Geschäftsreise.	**I'm on a business trip.** eim on ö bisniss tripp
Reisen Sie/Reist du viel?	**Do you travel a lot?** duh juh træwöl ö lott

Das Wetter

The weather

Was für ein herrlicher Tag!	**What a lovely day!** ᵘott ö lawli däⁱ
Was für ein scheußliches Wetter!	**What awful weather!** ᵘott ohfull ᵘäöö
Was für eine Kälte/Hitze!	**Isn't it cold/hot?** isönt itt kooᵘld/hott
Es ist windig heute.	**It's a windy day today.** itts ö ᵘindi däⁱ tödäⁱ
Glauben Sie/Glaubst du, dass es morgen … wird?	**Do you think it's going to … tomorrow?** duh juh θink itss gooᵘing tuh … tömorrooᵘ
schön sein	**be a nice day** bie ö neiss däⁱ
regnen	**rain** räⁱn
schneien	**snow** ssnooᵘ
Was sagt der Wetterbericht?	**What is the weather forecast?** ᵘott is ðö ᵘäöö fohkahsst

Blitz	**lightning** leitning
Donner	**thunder** θandö
Eis	**ice** eiss
Frost	**frost** frosst
Gewitter	**thunderstorm** θandösstohm
Hagel	**hail** häⁱl
Himmel	**sky** sskei
Mond	**moon** muhn
Nebel	**fog** fogg
Regen	**rain** räⁱn
Schnee	**snow** ssnooᵘ
Sonne	**sun** ssann
Stern	**star** sstah
Sturm	**storm** sstohm
Wind	**wind** ᵘind
Wolke	**cloud** klaud

Einladungen

Invitations

Möchten Sie/Möchtest du am … mit uns zu Abend essen?

Would you like to have dinner with us on …?
ᵁudd juh leik tuh hæw <u>dinnö</u> ᵁið ass onn

Darf ich Sie/dich zum Mittagessen einladen?

May I invite you for lunch?
mäⁱ ei in<u>weit</u> juh foh lantsch

Kommen Sie/Kommst du heute Abend auf ein Gläschen zu uns?

Can you come round for a drink this evening? kæn juh kamm raund fohr ö drink ðiss <u>iewning</u>

Es gibt eine Party. Gehen Sie/Gehst du hin?

There's a party. Are you coming?
<u>ðäös</u> ö <u>pahti</u>. ah juh <u>kamming</u>

Das ist sehr nett von Ihnen/dir.

That's very kind of you.
ðætss <u>wärri</u> keind ow juh

Prima, ich komme gerne.

Great. I'd love to come.
grä'ᵗ. eid law tuh kamm

Wann sollen wir kommen?

What time shall we come?
ᵁott teim schæll ᵁie kamm

Kann ich einen Freund/eine Freundin mitbringen?

May I bring a friend?
mäⁱ ei bring ö fränd

Wir müssen leider gehen.

I'm afraid we've got to leave.
eim ö<u>frä'd</u> ᵁiew gott tuh liew

Nächstes Mal müssen Sie/musst du uns besuchen kommen.

Next time you must come to visit us.
näksst teim juh masst kamm tuh <u>wisitt</u> ass

Vielen Dank für den schönen Abend.

Thanks for a lovely evening.
θænkss foh ö <u>lawli</u> <u>iewning</u>

Verabredungen

Dating

Stört es Sie/dich, wenn ich rauche?

Do you mind if I smoke?
duh juh meind iff ei ssmooᵘk

Möchten Sie/Möchtest du eine Zigarette?

Would you like a cigarette?
ᵁudd juh leik ö ssigö<u>rätt</u>

Können Sie/Kannst du mir bitte Feuer geben?

Do you have a light, please?
duh juh hæw ö leit plies

Warum lachen Sie/lachst du?

Why are you laughing?
ᵁei ah juh <u>lahfing</u>

Spreche ich so schlecht Englisch?	**Is my English that bad?** is mei inngglisch ðæt bæd
Darf ich mich hier hinsetzen?	**Do you mind if I sit down here?** duh juh meind iff ei ssitt daun hieö
Möchten Sie/Möchtest du etwas trinken?	**Can I get you a drink?** kæn ei gätt juh ö drink
Warten Sie/Wartest du auf jemanden?	**Are you waiting for someone?** ah juh ᵘäᶦting foh ssammᵘann
Haben Sie/Hast du heute Abend Zeit?	**Are you free this evening?** ah juh frie ðiss iewning
Würden Sie/Würdest du heute Abend mit mir ausgehen?	**Would you like to go out with me tonight?** ᵘudd juh leik tuh gooᵘ aut ᵘið mie töneit
Möchten Sie/Möchtest du tanzen gehen?	**Would you like to go dancing?** ᵘudd juh leik tuh gooᵘ dahnssing
Ich kenne eine gute Diskothek.	**I know a good discotheque.** ei nooᵘ ö gudd disskötäk
Wollen wir ins Kino gehen?	**Shall we go to the cinema?** schæll ᵘie gooᵘ tuh ðö ssinömö
Wo sollen wir uns treffen?	**Where shall we meet?** ᵘäö schæll ᵘie miet
Ich hole Sie/dich in Ihrem/deinem Hotel ab.	**I'll pick you up at your hotel.** eill pikk juh app æt joh hooᵘtäll
Ich hole Sie/dich um acht Uhr ab.	**I'll call for you at eight.** eill kohl foh juh æt äᶦt
Darf ich Sie/dich nach Hause bringen?	**May I take you home?** mäᶦ ei täᶦk juh hooᵘm
Kann ich Sie/dich morgen wiedersehen?	**Can I see you again tomorrow?** kæn ei ssie juh ögän tömorrooᵘ
Können Sie/Kannst du mir vielleicht Ihre/deine Handynummer/ E-Mail-Adresse geben?	**Could you perhaps give me your mo- bile number/your e-mail address?** kudd juh pöhæpss giew mie joh mooubeil nambö/joh ie-mäᶦl ödräss
Ich werde Ihnen/dir eine SMS/eine E-Mail schicken.	**I will send you an SMS/an e-mail.** ei ᵘill ssänd juh ön ässämäss/ön ie-mäᶦl

… und so möchten Sie vielleicht antworten:

Ja, sehr gern.

I'd love to, thank you.
eid law tuh θænk juh

Vielen Dank, aber ich habe keine Zeit.

Thank you, but I'm busy.
θænk juh batt eim <u>bi</u>si

Nein danke. Ich habe kein Interesse.

No, I'm not interested, thank you.
noo^u eim nott <u>in</u>trisstöd θænk juh

Lassen Sie mich bitte in Ruhe!

Leave me alone, please.
liew mie ö<u>loo</u>^un plies

Danke, es war sehr schön.

Thank you, it was lovely.
θænk juh itt ^uos <u>law</u>li

Ich habe mich gut amüsiert. / Es hat mir gut gefallen.

I've enjoyed myself.
eiw ind<u>ʒeu</u>d meis<u>sä</u>lf

Geschäfte & Behörden

Einkaufsführer

Dieser Einkaufsführer soll Ihnen dabei helfen, leicht und schnell genau das zu finden, was Sie suchen. Er enthält:

- eine Liste der wichtigsten Geschäfte und Einrichtungen
  (S. 122–124)

- allgemeine Ausdrücke und Redewendungen beim Einkaufen
  (S. 124–128)

- bestimmte Geschäfte im Detail:
  Unter den folgenden Überschriften finden Sie Tipps und alphabetische Listen der Artikel des jeweiligen Geschäfts.

Läden und Geschäfte Shops and stores

Die Geschäfte sind in der Regel von 9 Uhr bis 17.30 oder 18 Uhr (auch samstags) geöffnet. Donnerstags haben größere Geschäfte generell von 9 bis 20 Uhr auf, kleinere bis 18 oder 19 Uhr. In Großstädten bleiben viele Geschäfte unter der Woche bis 19 oder 20 Uhr oder länger offen. Viele größere Läden haben auch sonntags geöffnet. Außerdem gibt es überall kleine Lebensmittelgeschäfte, die bis spät abends offen bleiben (manchmal sogar rund um die Uhr).

Wann öffnet/schließt …?	**When does … open/close?** ᵘänn das … ooᵘpön/klooᵘs
Wo ist der/die/das nächste …?	**Where's the nearest …?** ᵘäös ðö nieörösst
Antiquitätengeschäft	**antique shop** æntiek schopp
Apotheke	**chemist's**[1] kämisstss
Bäckerei	**baker's** bäʲkös
Bekleidungsgeschäft/Boutique	**clothes shop** klooᵘðs schopp
Blumengeschäft	**florist's** florisstss
Buchhandlung	**bookshop** bukkschopp
Drogerie	**chemist's** kämisstss
Einkaufszentrum	**shopping centre** schopping ssäntö
Elektrogeschäft	**electric shop** iläktrik schopp
Feinkostgeschäft	**delicatessen** dälikötässön
Fischgeschäft	**fishmonger's** fischmangös
Fleischerei	**butcher's** butschös
Flohmarkt	**flea market** flie mahkitt
Fotogeschäft	**camera shop** kæmörö schopp
Gebrauchtwarenladen	**second-hand shop** ssäkönd-hænd schopp
Juwelier	**jeweller's** dʒuhölös
Kaufhaus	**department store** dipahtmönt sstoh
Konditorei	**cake shop** käʲk schopp
Lebensmittelgeschäft	**grocer's** grooᵘssös
Lederwarengeschäft	**leather goods shop** läðö guds schopp

---

[1] *Chemist's* ist eigentlich eine Kurzform für *chemist's shop*, *baker's* für *baker's shop* usw. Die Kurzform mit 's hat sich in der Umgangssprache inzwischen so eingebürgert, dass man sie auch in die Schriftsprache übernommen hat.

Markt	**market** mahkitt
Metzgerei	**butcher's** butschös
Musikladen/Musika-lienhandlung	**music shop** mjuhsik schopp
Obst- und Gemüsegeschäft	**greengrocer's** griengroo^ussös
Optiker	**optician** optischön
Parfümerie	**perfumery** pöfjuhmöri
Reformhaus/Bioladen	**health food shop** hälθ fuhd schopp
Schreibwarengeschäft	**stationer's** sstäⁱschönös
Schuhgeschäft	**shoe shop** schuh schopp
Souvenirladen	**souvenir shop** ssuhwöniö schopp
Spielwarengeschäft	**toy shop** teu schopp
Sportgeschäft	**sports shop** sspohtss schopp
Supermarkt	**supermarket** ssuhpömahkitt
Süßwarenladen	**sweet shop** ss^uiet schopp
Tabakladen	**tobacconist's** tobækönisstss
Uhrengeschäft	**watchmaker's** ^uotschmäⁱkös
Weinhandlung	**wine merchant** ^uein möhtschönt
Wein- und Spirituosen-handlung	**off-licence** off-leissöns
Zeitungshändler	**newsagent** njuhsäⁱdʒönt
Zeitungsstand	**newsstand** njuhsstænd

SALE SCHLUSSVERKAUF	**CLEARANCE** AUSVERKAUF

... und nützliche Einrichtungen
... and some useful services

Bank	**bank** bænk
Bibliothek	**library** leibröri
Reinigung	**dry cleaner's** drei klienös
Fotograf	**photographer's** fotogröfös
Friseur	**hairdresser's** häödrässös

Fundbüro	**lost property office** losst proppöti offiss
Kosmetiksalon	**beauty salon** bjuhti ssälon
Kunstgalerie	**art gallery** aht gælöri
Polizeiwache	**police station** pöliess sstä'schön
Postamt	**post office** poo^usst offiss
Reisebüro	**travel agency** træwöl ä'dʒönssi
Schuhmacher	**shoemaker's** schuhmäi'kös
Tankstelle	**petrol station** pätröl sstä'schön
Tierarzt	**veterinarian** wätörinäöriön
Uhrmacher	**watchmaker's** ^uotschmäi'kös
Waschsalon	**launderette** lohndörätt
Wechselstube	**currency exchange office** karrönssi iksstschä'ndʒ offiss

Allgemeine Redewendungen **General expressions**

Wo? **Where?**

Wo kann ich … kaufen?	**Where can I buy …?** ^uäö kæn ei bei
Wo finde ich …?	**Where can I find …?** ^uäö kæn ei feind
Wo ist das Haupteinkaufsviertel?	**Where's the main shopping area?** ^uäös ðö mäⁱn schopping äöriö
Gibt es hier ein Kaufhaus?	**Is there a department store here?** is ðäö ö dipahtmönt sstoh hieö
Wie komme ich dorthin?	**How do I get there?** hau duh ei gätt ðäö

Bedienung **Service**

Können Sie mir helfen?	**Can you help me?** kæn juh hälp mie
Ich suche …	**I'm looking for …** eim lukking foh
Ich sehe mich nur um.	**I'm just looking.** eim dʒasst lukking
Haben/Verkaufen Sie …?	**Do you have/sell …?** duh juh hæw/ssäll
Ich hätte gern …	**I'd like …** eid leik
Können Sie mir … zeigen?	**Can you show me …?** kæn juh schoo^u mie
dies hier/das da	**this/that** ðiss/ðæt

| das im Schaufenster/in der Vitrine | **the one in the window/display case** ðö ᵘann in ðö ᵘindooᵘ/dissplä᷄ kä'ss |

Beschreibung des Artikels Describing the article

Es sollte ... sein.	**I'd like ... one.** eid leik ... ᵘann
elegant	**an elegant** ön älligönt
leicht	**a light** ö leit
modern	**a modern** ö modön
originell	**an original** ön oridʒinöl
robust	**a sturdy** ö sstöhdi
Es sollte nicht zu teuer sein.	**I don't want anything too expensive.** ei dooᵘnt ᵘant änniθing tuh iksspänssiw

breit/schmal	**wide/narrow** ᵘeid/nærrooᵘ
lang/kurz	**long/short** long/schoht
oval	**oval** ooᵘwöl
rechteckig	**rectangular** räktængjulö
rund	**round** raund
viereckig	**square** sskᵘäö

Ich hätte lieber ... I'd prefer ...

Können Sie mir noch etwas anderes zeigen?	**Can you show me something else?** kæn juh schooᵘ mie ssamθing älss
Haben Sie nichts ...?	**Don't you have anything ...?** dooᵘnt juh hæw änniθing
Billigeres/Besseres	**cheaper/better** tschiepö/bättö
Größeres/Kleineres	**larger/smaller** lahdʒö/ssmohlö
Es ist zu ...	**It's too ...** itss tuh
groß/klein	**big/small** bigg/ssmohl
hell/dunkel	**light/dark** leit/dahk

Wie viel?

How much?

Wie viel kostet das?

How much is this? hau matsch is ðiss

Ich verstehe Sie nicht.

I don't understand. ei doo^unt andö<u>sstænd</u>

Schreiben Sie es mir bitte auf.

Please write it down. plies reit itt daun

Ich will nicht mehr als … Pfund ausgeben.

I don't want to spend more than … pounds. ei doo^unt ^uant tuh sspänd moh ðæn … paunds

Entscheidung

Decision

Ich nehme es.

I'll take it. eill täⁱk itt

Nein, das gefällt mir nicht.

No, I don't like it. noo^u ei doo^unt leik itt

Die Farbe/Form gefällt mir nicht.

I don't like the colour/the shape. ei doo^unt leik ðö <u>kallö</u>/ðö schäⁱp

Es ist nicht ganz das, was ich möchte.

It's not quite what I want. itss not k^ueit ^uott ei ^uant

Sonst noch etwas?

Anything else?

Nein danke, das ist alles.

No, thanks, that's all. noo^u θænkss ðætss oll

Ja, ich hätte gern …

Yes, I'd like … jäss eid leik …

Bestellen

Ordering

Können Sie es für mich bestellen?

Can you order it for me? kæn juh <u>oh</u>dö itt foh mie

Wie lange dauert das?

How long will it take? hau long ^uill itt täⁱk

Lieferung

Delivery

Bitte liefern Sie es ins Hotel …

Deliver it to the … hotel, please. di<u>li</u>wö itt tuh ðö … hoo^u<u>täll</u> plies

Schicken Sie es bitte an diese Adresse.

Please send it to this address. plies ssänd itt tuh ðiss ö<u>dräss</u>

Bezahlen — Paying

Was kostet das?	**How much is it?** hau matsch is itt
Kann ich mit … bezahlen?	**Can I pay by …?** kæn ei päⁱ bei
Kreditkarte	**credit card** kräditt kahd
Reisescheck	**traveller's cheque** træwölös tschäk
Nehmen Sie ausländische Währungen an?	**Do you accept foreign currency?** duh juh ökssäpt forön karrönssie
Muss ich Mehrwertsteuer zahlen?	**Do I have to pay the VAT?** du ei hæw tuh päⁱ öö wie äⁱ tie
Ich glaube, Sie haben sich verrechnet.	**I think there's a mistake in the bill.** ei θink öäös ö misstäⁱk in öö bill
Kann ich bitte eine Quittung bekommen?	**May I have a receipt, please?** mäⁱ ei hæw ö rissiet plies
Kann ich bitte eine Tüte haben?	**May I have a bag, please?** mäⁱ ei hæw ö bæg plies
Würden Sie es mir bitte einpacken?	**Could you wrap it up for me, please?** kudd juh ræp itt app foh mie plies

Das hören Sie

Can I help you?	Kann ich Ihnen helfen?
What would you like?	Was wünschen Sie?
I'm sorry, we don't have any.	Das haben wir leider nicht.
We're out of stock.	Das haben wir nicht mehr vorrätig.
Shall we order it?	Sollen wir es bestellen?
Will you take it with you or shall we send it?	Nehmen Sie es mit oder sollen wir es Ihnen schicken?
That's … pounds, please.	Das macht … Pfund.

Unzufrieden — Dissatisfied

Kann ich das umtauschen?	**Can I exchange this, please?** kæn ei iksstschäⁱndʒ öiss plies
Ich möchte das zurückgeben.	**I'd like to return this.** eid leik tuh ritöhn öiss

| Ich möchte das Geld zurückerstattet haben. | **I'd like a refund.** eid leik ö riefand |
| Hier ist die Quittung. | **Here's the receipt.** hieös ðö rissiet |

Im Warenhaus — At the department store

Wo ist …?	**Where is …?** ᵁäö ris
In welcher Etage?	**On which floor?** on ᵁitsch floh
Wo ist der/die …?	**Where's …?** ᵁäös
Aufzug	**the lift** ðö lift
Rolltreppe	**the escalator** ði ässkölä'tö
Treppe	**the staircase** ðö sstäökä'ss
Wo ist die Kasse?	**Where's the cash desk?** ᵁäös ðö kæsch dässk

```
ENTRANCE
EXIT
EMERGENCY EXIT
```

```
EINGANG
AUSGANG
NOTAUSGANG
```

Apotheke – Drogerie   Chemist's

In der Apotheke (*pharmacy*) erhält man nur Medikamente. Die Geschäfte namens *chemist's* sind eine Mischung aus Apotheke und Drogerie/Parfümerie (wie z.B. die große Kette „Boots").

Zur besseren Übersicht ist dieses Kapitel in zwei Teile gegliedert:

1. Medikamente, erste Hilfe
2. Körper- und Schönheitspflege

Allgemeines — General

| Wo ist die nächste Apotheke (mit Nachtdienst)? | **Where's the nearest (all-night) chemist's?** ᵁäös ðö nierösst (ohlneit) kämmisstss |
| Um wie viel Uhr öffnet/schließt die Apotheke? | **What time does the chemist's open/close?** ᵁott teim das ðö kämmisstss ooᵁpön/klooᵁs |

1. Medikamente, erste Hilfe Medicine, first aid

Ich hätte gern etwas gegen …	**I'd like something for …** eid leik ssammθing foh
Erkältung	**a cold** ö koo^uld
Fieber	**a fever** ö fiewö
Heuschnupfen	**hayfever** häⁱfiewö
Husten	**a cough** ö koff
Insektenstiche	**insect bites** inssäkt beitss
einen Kater	**a hangover** ö hængoo^uwö
Kopfschmerzen	**a headache** ö häddäⁱk
Verdauungsstörungen	**an upset stomach** ön apssätt sstamök
Reisekrankheit	**travel sickness** træwöl ssiknöss
Sonnenbrand	**sunburn** ssanböhn
Übelkeit	**nausea** nohsjö
Verdauungsstörungen	**indigestion** indidʒässtschön
Kann ich es ohne Rezept bekommen?	**Can I get it without a prescription?** kæn ei gätt itt ^uiðaut ö prisskripschön
Haben Sie homöopathische Mittel?	**Do you have any homeopathic remedies?** duh juh hæw änni hoo^umjoo^upæθik rämödies
Ich hätte gern …	**I'd like …** eid leik
ein Abführmittel	**a laxative** ö lækssötiew
Aspirin®	**some aspirins** ssamm æssprins
Augentropfen	**some eye drops** ssamm ei droppss
ein Beruhigungsmittel	**some tranquillizers** ssamm trænk^uileisös
Damenbinden	**some sanitary towels** ssamm ssænitöri tauöls
ein Desinfektionsmittel	**a disinfectant** ö dissinfäktönt
einen elastischen Verband	**an elastic bandage** ön ilæsstik bændidʒ
ein fiebersenkendes Mittel	**an antipyretic** ön æntipeirättik
ein Fieberthermometer	**a thermometer** ö θömomitö
Halspastillen	**some throat lozenges** ssamm θroo^ut losindʒis

Heftpflaster	**some (sticking) plasters**
	ssamm sstiking plahsstös
Hühneraugenpflaster	**some corn plasters** ssamm kohn plahsstös
Hustensaft	**some cough syrup** ssamm koff ssiröp
ein Insektenschutzmittel	**an insect repellent** ön inssäkt ripälönt
Kohletabletten	**some charcoal tablets**
	ssamm tschahkoo^ul tæblötss
Kondome	**some condoms** ssamm kondöms
Nasentropfen	**some nose drops** ssamm noo^us dropss
Ohrentropfen	**some ear drops** ssamm ieö dropss
… salbe	**some … cream** ssamm … kriem
Schlaftabletten	**some sleeping pills** ssamm sslieping pils
ein Schmerzmittel	**an analgesic** ön ænældʒiessik
… tabletten	**some … tablets** ssamm … tæblötss
Tampons	**some tampons** ssamm tæmpons
einen Verband	**a bandage** ö bændidʒ
einen Verbandkasten	**a first-aid kit** ö föhsst äïd kitt
Verhütungsmittel	**some contraceptives**
	ssamm kontrössäptiws
Vitamintabletten	**some vitamins** ssamm wittömins
Brausetabletten	**some fizzy tablets** ssamm fisie tæblötss
Watte	**some cotton wool** ssamm kottön ^uuhl
Wundsalbe	**some antiseptic cream**
	ssamm æntissäptik kriem
Zäpfchen	**some suppositories** ssamm ssöpositris

POISON	GIFT
FOR EXTERNAL USE ONLY	NUR ZUR ÄUSSERLICHEN
	ANWENDUNG

2. Körper- und Schönheitspflege Toiletries

Ich hätte gern	**I'd like …**
(einen/eine/ein) …	eid leik
Abschminkpads	**some make-up remover pads**
	ssamm mäïk-app rimuwö pæds

Augenbrauenstift	**an eyebrow pencil** ön eibrau pänssil
Creme	**some cream** ssamm kriem
für trockene/nor- male/fettige Haut	**for dry/normal/greasy skin** foh drei/nohmöl/griessi sskin
Feuchtigkeitscreme	**some moisturizing cream** ssamm meusstschöreising kriem
Nachtcreme	**some night cream** ssamm neit kriem
Reinigungsmilch	**some cleansing milk** ssamm klänsing milk
Tagescreme	**some day cream** ssamm däⁱ kriem
Grundierung	**some foundation cream** ssamm faundäⁱschön kriem
Deodorant	**a deodorant** ö dioodöront
Fußcreme	**some foot cream** ssamm futt kriem
Gesichtspuder	**some face powder** ssamm fäⁱss paudö
Haarentfernungscreme	**some depilatory cream** ssamm dipillötri kriem
Handcreme	**some hand cream** ssamm hænd kriem
Körpermilch	**some body lotion** ssamm boddi looᵘschön
Körperpuder	**some talcum powder** ssamm tælköm paudö
Kulturtasche	**a toilet bag** ö teulitt bæg
Lidschatten	**some eye shadow** ssamm ei schædooᵘ
Lippenpflegestift	**some lipsalve** ssamm lippssahlw
Lippenstift	**some lipstick** ssamm lipsstik
Mundwasser	**some mouthwash** ssamm mauθᵘosch
Nagelbürste	**a nail brush** ö näⁱl brasch
Nagelfeile	**a nail file** ö näⁱl feil
Nagelhautentferner	**some cuticle remover** ssamm kjuhtiköl rimuhwö
Nagellack	**some nail varnish** ssamm näⁱl wahnisch
Nagellackentferner	**some nail varnish remover** ssamm näⁱl wahnisch rimuhwö
Nagelschere	**some nail scissors** ssamm näⁱl ssisös
Nagelzange	**some nail clippers** ssamm näⁱl klippös

Papiertaschentücher	**some tissues** ssamm tischuhs
Parfüm	**some perfume** ssamm pöhfjuhm
Pinzette	**some tweezers** ssamm t^{u}iesös
Puder	**some powder** ssamm paudö
Rasierapparat	**a razor** ö rä^{i}sö
Rasiercreme	**some shaving cream** ssamm schä^{i}wing kriem
Rasierklingen	**some razor blades** ssamm rä^{i}sö blä^{i}ds
Rasierpinsel	**a shaving brush** ö schä^{i}wing brasch
Rasierwasser	**some after-shave lotion** ssamm ahftöschä^{i}w loo^{u}schön
Rouge	**a blusher** ö blaschö
Schaumbad	**some bubble bath** ssamm babböl baθ
Seife	**some soap** ssamm ssoo^{u}p
Sicherheitsnadeln	**some safety pins** ssamm ssä^{i}fti pins
Sonnencreme	**some sun(tan) cream** ssamm ssan(tæn) kriem
Toilettenpapier	**some toilet paper** ssamm teulitt pä^{i}pö
Wimperntusche	**some mascara** ssamm mæsskarö
Zahnbürste	**a toothbrush** ö tuθbrasch
Zahnpasta	**some toothpaste** ssamm tuθpä^{i}sst

Für Ihr Haar | For your hair

Bürste	**a brush** ö brasch
Haarfestiger	**some setting lotion** ssamm ssätting loo^{u}schön
Haargel	**some hair gel** ssamm häö dʒäl
Haarspange	**a hair slide** ö häö ssleid
Haarspray	**some hair spray** ssamm häö ssprä^i
Kamm	**a comb** ö koo^{u}m
Lockenwickler	**some curlers** ssamm köhlös
Shampoo	**a shampoo** ö schæmpuh
für fettiges/normales/trockenes Haar	**for greasy/normal/dry hair** foh griessi/ nohmöl/ drei häö
Tönungsshampoo	**a colour shampoo** ö kallö schæmpuh

Für das Baby

For baby

Säuglingsfläschchen	**a feeding bottle** ö fieding bottöl
Säuglingsnahrung	**some baby food** ssamm bä'bi fuhd
Schnuller	**a dummy** ö dammi
Windeln	**some nappies** ssamm næppies

Bekleidung

Clothing

Allgemeines

General

Wo ist ein gutes Bekleidungsgeschäft?	**Where's a good clothes shop?** ^uäös ö gudd kloo^uðs schopp
Ich möchte einen Pullover für …	**I'd like a pullover for …** eid leik o pulloo^uwö fohr
eine Frau/einen Mann	**a woman/a man** ö ^uumön/ö mæn
einen (zehnjährigen) Jungen/ein (zehnjähriges) Mädchen	**a (ten-year-old) boy/girl** ö (tänn-jieöroo^uld) beu/göhl
Der im Schaufenster gefällt mir.	**I like the one in the window.** ei leik ðö ^uann inn ðö ^uindoo^u

Größe

Size

Die britische Konfektionsgröße 8 enstpricht etwa der deutschen Größe 36, die 10 der 38 usw. Die Kleidergrößen S, M, L etc. entsprechen meist internationalem Standard.
Schuhgröße 36 ist in Großbritannien Schuhgröße 3, Größe 37 wird zur 4 usw.

groß	**large (L)** lahdʒ
mittel	**medium (M)** miediöm
klein	**small (S)** ssmohl
größer/kleiner	**larger/smaller** lahdʒö/ssmohlö
Ich habe Größe 38.	**I take size 38.** ei tä'k sseis θöhtiäit

Farbe | Colour

beige	**beige** bäi ʒ
blau	**blue** bluh
braun	**brown** braun
gelb	**yellow** jälloo^u
goldfarben	**golden** goo^uldön
grau	**grey** gräi
grün	**green** grien
lila	**lilac** leilök
orange	**orange** orrindʒ
rosa	**pink** pink
rot	**red** rädd
schwarz	**black** blæk
silbern	**silver** ssilwö
türkisfarben	**turquoise** töhk^ueus
violett	**violet** weiölit
weiß	**white** ^ueit
hell…	**light …** leit
dunkel…	**dark …** dahk
einfarbig	**plain** pläin
gestreift	**striped** sstreipt
gepunktet	**polka-dot** polkö dot
kariert	**checked** tschäkt
gemustert	**patterned** pætönd

Haben Sie etwas mit Schottenmuster?	**Do you have anything in tartan?** duh juh hæw änniθing inn tahtön
Ich hätte gern …	**I'd like …** eid leik
einen helleren Ton	**a lighter shade** ö leitö schäid
einen dunkleren Ton	**a darker shade** ö dahkö schäid
etwas hierzu Passendes	**something to match this** ssammθing tu mætsch ðiss
etwas Buntes	**something colourful** ssammθing kallöful
Ich hätte gern eine andere Farbe/dieselbe Farbe wie …	**I'd like another colour/the same colour as …** eid leik önaðö kallö/ðö ssäim kallö æs
Die Farbe gefällt mir nicht.	**I don't like the colour.** ei doo^unt leik ðö kallö

Stoff

Fabric/Material

Ich hatte gern etwas aus …
I'd like something in …
eid leik ssammθing in

Aus was für einem Stoff/Material ist das?
What fabric/material is it?
^uott fæbrik/mötiriöl is itt

Ich hätte gern etwas Dünneres/Dickeres.
I'd like something thinner/thicker.
eid leik ssammθing θinnö/θikkö

Was ist das?
What is it? ^uott is itt

Baumwolle	**cotton** kottön
Fleece	**fleece** fliess
Frottee	**towelling** tauöling
Jeansstoff	**denim** dännim
Kaschmir	**cashmere** kæschmiö
Kord	**corduroy** kohdöreu
Leder	**leather** läðö
Leinen	**linen** linnin
Samt	**velvet** wälwit
Satin	**satin** ssætin
Seide	**silk** ssilk
Synthetik/Kunstfaser	**synthetic (fibre)** ssinθättik feibö
Wildleder	**suede** ss^{uä}i'd
Wolle	**wool** ^uul
Lammwolle	**lamb's wool** læms ^uul
reine Schurwolle	**pure new wool** pjuö njuh ^uul

Ist es …?
Is it …? is itt

reine Baumwolle/Wolle
pure cotton/wool pjuö kottön/^uul

aus Synthetik
synthetic ssinθättik

Ist es Handarbeit?
Is it handmade? is itt hændmäⁱd

Kann man es von Hand/in der Maschine waschen?
Is it hand washable/machine washable? is itt hænd ^uoschöböl/möschien ^uoschöböl

Läuft es beim Waschen ein?
Will it shrink? ^uill itt schrink

Ist es …?	**Is it …?** is itt
knitterfrei	**crease resistant** kriess risisstönt
pflegeleicht	**easy-care** iesikäö

Passs es? **A good fit?**

Kann ich es anprobieren?	**Can I try it on?** kæn ei trei itt onn
Wo ist die Umkleidekabine?	**Where's the fitting room?** ᵘäös ðö fitting ruhm
Gibt es einen Spiegel?	**Is there a mirror?** is ðäö ö mirrö
Es passt sehr gut.	**It fits very well.** itt fitss wärri ᵘäll
Es passt nicht.	**It doesn't fit.** itt dasönt fitt
Es ist zu …	**It's too …** itss tuh
kurz/lang	**short/long** schoht/long
eng/weit	**tight/loose** teit/luhss
Können Sie es ändern?	**Can you alter it?** kæn juh ohltö itt
Wie lange brauchen Sie für die Änderung?	**How long will it take to alter?** hau long ᵘill itt tä'k tuh ohltö
Kann ich das umtauschen?	**Can I exchange this?** kæn ei iksstschä'ndʒ ðiss

Kleidungsstücke und Accessoires
Clothes and accessories

Ich hätte gern (einen/eine/ein) …	**I'd like …** eid leik
Abendkleid	**an evening dress** ön iewning dräss
Anzug	**a suit** ö ssuht
Badeanzug	**a swimsuit** ö ssᵘimmssuht
Badehose	**some swimming trunks** ssamm ssᵘimming trankss
Bademantel	**a bathrobe** baθrooᵘb
Bikini	**a bikini** ö bikini
Bluse	**a blouse** ö blaus
Büstenhalter	**a bra** ö brah
Fliege	**a bow tie** ö booᵘ tei
Gürtel	**a belt** ö bält

Paar Handschuhe	**a pair of gloves** ö <u>pä</u>ö ow glaws
Handtasche	**a handbag** ö <u>hæ</u>ndbæg
Hemd	**a shirt** ö schöht
Hose	**some trousers** ssamm <u>trau</u>sös
Hut	**a hat** ö hæt
Jacke	**a jacket** ö d<u>ʒæ</u>kit
Jeans	**some jeans** ssamm dʒiens
Kinderkleider	**some children's clothes** ssamm <u>tschi</u>ldröns kloo^uðs
Kleid	**a dress** ö dräss
Kniestrümpfe	**some (knee)socks** ssamm (<u>nie</u>)ssokss
Kostüm	**a suit** ö ssuht
Krawatte	**a tie** ö tei
Mantel	**a coat** ö koo^ut
Morgenrock	**a dressing gown** ö <u>drä</u>ssing gaun
Mütze	**a cap** ö kæp
Nachthemd	**a nightgown** ö <u>neit</u>gaun
Overall	**some overalls** ssamm <u>oo</u>^uwörohls
Paar …	**a pair of …** ö <u>pä</u>ö ow
Pullover	**a pullover/a jumper** ö <u>pu</u>lloo^uwö/ö d<u>ʒa</u>mpö
ärmellos	**sleeveless** <u>sslie</u>wlöss
mit langen/kurzen Ärmeln	**with long/short sleeves** ^uið long/schoht ssliews
mit Rollkragen	**polo neck** poo^uloo^u näk
mit rundem Ausschnitt	**round-neck** <u>raund</u>näk
mit V-Ausschnitt	**V-neck** <u>wie</u>näk
Regenmantel	**a raincoat** ö <u>rä</u>ⁱnkoo^ut
Regenschirm	**an umbrella** ön am<u>brä</u>llö
Rock	**a skirt** ö ssköht
Schal	**a scarf** ö sskahf
Schlafanzug	**a pair of pyjamas** ö <u>pä</u>ö ow pöd<u>ʒah</u>mös
Schmuck	**some jewellery** ssamm d<u>ʒu</u>hlöri
Shorts	**some shorts** ssamm schohtss

Slip (*Damen*)	**a pair of briefs** ö päö ow briefss
Socken	**a pair of socks** ö päö ow ssokss
Strickjacke	**a cardigan** ö kahdigön
Strümpfe	**a pair of stockings** ö päö ow sstokkings
Strumpfhose	**a pair of tights** ö päö ow teitss
T-shirt	**a T-shirt** ö tie-schöht
Trainingsanzug	**a tracksuit** ö trækssuht
Unterhemd	**a vest** ö wässt
Unterhose (*Herren*)	**a pair of underpants** ö päö ow andöpæntss
Unterwäsche	**some underwear** ssamm andöᵘäö
Weste	**a waistcoat** ö ᵘä'sstkooᵘt

Druckknopf	**a press stud** ö präss sstadd
Gummiband	**some elastic** ssamm ilæsstik
Knopf	**a button** ö battön
Kragen	**a collar** ö kollö
Reißverschluss	**a zip** ö sipp
Schnalle	**a buckle** ö bakköl
Sicherheitsnadel	**a safety pin** ö ssä'fti pinn
(Hosen-/Rock-)Tasche	**a pocket** ö pokkitt

Schuhe — Shoes

Ich hätte gern ein Paar …	**I'd like a pair of …** eid leik ö päö ow
Bergstiefel	**climbing boots** kleiming buhtss
Hausschuhe	**slippers** sslippös
Sandalen	**sandals** ssændöls
Schuhe	**shoes** schuhs
flache Schuhe	**flat shoes** flæt schuhs
mit (hohen) Absätzen	**with a (high) heel** ᵘið ö (hei) hiel
mit Ledersohle	**with leather soles** ᵘið lädö ssooᵘls
mit Gummisohle	**with rubber soles** ᵘið rabbö ssooᵘls
Stiefel	**boots** buhtss

Gummistiefel	**Wellington boots** <u>ᵘä</u>lingtön buhtss
Lederstiefel	**leather boots** lä<u>ð</u>ö buhtss
Turnschuhe	**plimsolls** <u>plim</u>ssolss
Wanderschuhe	**walking shoes** <u>ᵘoh</u>king schuhs
Diese sind zu …	**These are too …** <u>ð</u>ies ah tuh
groß/klein	**large/small** lahdʒ/ssmohl
eng/weit	**narrow/wide** <u>næ</u>rooᵘ/<u>ᵘ</u>eid
Haben Sie sie in einer Nummer größer/kleiner?	**Do you have them in a larger/smaller size?** duh juh hæw <u>ð</u>ämm inn ö <u>lah</u>dʒö/ <u>ssmoh</u>lö sseis
Haben Sie die gleichen in Schwarz?	**Do you have the same in black?** duh juh hæw <u>ð</u>ö ssä<u>l</u>m inn blæk
Leder/Stoff/Wildleder	**leather/canvas/suede** <u>läð</u>ö/<u>kæn</u>wöss/ss<u>ᵘä</u><u>l</u>d
Ist das echtes Leder?	**Is it genuine leather?** is itt <u>dʒä</u>njuin <u>läð</u>ö
Ich brauche Schuhcreme/ Schnürsenkel.	**I need some shoe polish/shoelaces.** ei nied ssamm schuh <u>po</u>lisch/<u>schuh</u>lä<u>l</u>ssis

Schuhreparatur

Shoe repairs

Können Sie diese Schuhe reparieren?	**Can you repair these shoes?** kæn juh ri<u>pä</u>ö <u>ð</u>ies schuhs
Ich möchte neue Sohlen und Absätze.	**I'd like them soled and heeled.** eid leik <u>ð</u>ämm ssooᵘld ænd hield
Wann sind sie fertig?	**When will they be ready?** <u>ᵘä</u>nn <u>ᵘ</u>ill <u>ð</u>ä<u>l</u> bie <u>rä</u>ddi

Buchhandlung – Schreibwaren   Bookshop – Stationer's

Wo ist der/die/das nächste …?	**Where's the nearest …?** ᵘäös ðö nieörösst
Buchhandlung	**bookshop** bukkschopp
Schreibwarengeschäft	**stationer's** sstäˈschönös
Zeitungsstand	**newsstand** njuhsstænd
Wo kann ich eine deutsche Zeitung kaufen?	**Where can I buy a German newspaper?** ᵘäö kæn ei bei ö dჳöhmön njuhsspäˈpö
Wo stehen die Reiseführer?	**Where's the guidebook section?** ᵘäös ðö geidbukk ssäkschön
Haben Sie deutsche Bücher?	**Do you have any German books?** duh juh hæw änni dჳöhmön bukkss
Haben Sie antiquarische Bücher?	**Do you have second-hand books?** duh juh hæw ssäköndhænd bukkss
Ich hätte gern einen (nicht zu schwierigen) englischen Roman.	**I'd like a (not too difficult) English novel.** eid leik ö (nott tuh diffikölt) ingglisch nowöl
Haben Sie einen Katalog/ein Verzeichnis?	**Do you have a catalogue/a list?** duh juh hæw ö kætölog/ö lisst
Ich hätte gern (einen/eine/ein) …	**I'd like …** eid leik
Adressbuch	**an address book** ön ödräss bukk
Ansichtskarten	**some postcards** ssamm pooᵘsstkahds
Bilderbuch	**a picture-book** ö piktschöbukk
Bindfaden	**some string** ssamm sstring
Bleistift	**a pencil** ö pänsil
Bleistiftspitzer	**a pencil sharpener** ö pänsil schahpönö
Briefpapier	**some note paper** ssamm nooᵘt päˈpö
Briefumschläge	**some envelopes** ssamm änwölooᵘpss
Buch	**a book** ö bukk
Büroklammern	**some paper clips** ssamm päˈpö klippss
Ersatzmine/-patrone	**a refill** ö riefill
Farbstifte	**some coloured pencils** ssamm kallöd pänsils
Filzstift	**a felt-tip pen** ö fält-tipp pän

Füller	**a fountain pen** ö faun̲tön pän
Geschenkpapier	**some gift wrapping paper** ssamm gift ræping pä'pö
Heftklammern	**some staples** ssamm sstä'pöls
Kalender	**a calendar** ö kælöndö
Kinderbuch	**a children's book** ö tschild̲röns bukk
Klebstoff	**some glue** ssamm gluh
Klebeband	**some adhesive tape** ssamm öd̲hiesiw tä'p
Kriminalroman	**a detective story** ö ditäktiw sstori
Kugelschreiber	**a ballpoint pen** ö bohlpeunt pän
Landkarte	**a map** ö mæp
Lineal	**a ruler** ö ruhlö
Notizblock	**a note pad** ö noo^ut pæd
Papier	**some paper** ssamm pä'pö
Postkarten	**some postcards** ssamm poo^usstkahds
Radiergummi	**a rubber** ö ra̲bbö
Reiseführer	**a guidebook** ö g̲eidbukk
Reißzwecken	**some drawing pins** ssamm d̲rohing pinns
Schnur	**some string** ssamm sstring
Schreibblock	**a writing pad** ö r̲eiting pæd
Schreibheft	**an exercise book** ön äkssösseis bukk
Spielkarten	**some playing cards** ssamm plä'ing kahds
Stadtplan	**a street map** ö sstriet mæp
Straßenkarte	**a road map** ö roo^ud mæp
Taschenbuch	**a paperback** ö pä'pöbæk
Taschenrechner	**a pocket calculator** ö pokkit kælkjuhlä'tö
Terminkalender	**a diary** ö d̲eiöri
Wörterbuch	**a dictionary** ö d̲ikschönäri
Englisch-Deutsch	**English-German** ingglisch-dӡöhmön
Zeichenblock	**a sketch pad** ö sskätsch pæd
Zeitschrift	**a magazine** ö mægösien
Zeitung	**a newspaper** ö njuhsspä'pö

Campingausrüstung Camping equipment

Ich hätte gern (einen/eine/ein) …	**I'd like …** eid leik
Aluminiumfolie	**some tinfoil** ssamm tinnfeul
Angelausrüstung	**some fishing tackle** ssamm fisching tæköl
Bindfaden	**some string** ssamm sstring
Bratpfanne	**a frying pan** ö freiing pæn
Brennspiritus	**some methylated spirits** ssamm mäθilä'tid sspirritss
Butangas	**some butane gas** ssamm bjuhtä'n gæss
Dosenöffner	**a tin opener** ö tin oo^upönö
Eimer	**a bucket** ö bakkit
Essbesteck	**some cutlery** ssamm katlöri
Flaschenöffner	**a bottle opener** ö bottöl oo^upönö
Gaskocher	**a camping stove** ö kæmping sstoo^uw
Geschirr	**some crockery** ssamm krokköri
Grill	**a grill** ö grill
Hammer	**a hammer** ö hæmö
Hängematte	**a hammock** ö hæmök
Heringe (für das Zelt)	**some tent pegs** ssamm tänt pägs
Holzkohle	**some charcoal** ssamm tschahkoo^ul
Insektenschutzmittel	**an insect repellent** ön inssäkt ripälönt
Insektenspray	**an insect spray** ön inssäkt ssprä'
Kerzen	**some candles** ssamm kændöls
Klappstuhl	**a folding chair** ö foo^ulding tschäö
Klapptisch	**a folding table** ö foo^ulding tä'böl
Kochtopf	**a saucepan** ö ssohsspön
Kompass	**a compass** ö kampöss
Korkenzieher	**a corkscrew** ö kohksskruh
Kühltasche	**a cool bag** ö kuhl bæg
Lampe	**a lamp** ö læmp
Liegestuhl	**a deck chair** ö däk tschäö
Luftmatratze	**an air mattress** ön äö mætröss
Moskitonetz	**a mosquito net** ö mosskitoo^u nätt

Nägel	**some nails** ssamm näïls
Papierservietten	**some paper napkins** ssamm pä'pö næpkins
Petroleum	**some paraffin** ssamm pæröfin
Picknickkorb	**a picnic basket** ö piknik bahsskit
Plastikbeutel	**a plastic bag** ö plæsstik bæg
Rucksack	**a rucksack** ö rakssæk
Schere	**some scissors** ssamm ssisös
Schlafsack	**a sleeping bag** ö sslieping bæg
Schnur	**some string** ssamm sstring
Schraubenzieher	**a screwdriver** ö sskruhdreiwö
Seil	**a rope** ö roo^up
Spülmittel	**some washing-up liquid** ssamm ^uosching-app lik^uid
Streichhölzer	**some matches** ssamm mætschis
Stuhl	**a chair** ö tschäö
Taschenlampe	**a torch** ö tohtsch
Taschenmesser	**a penknife** ö pän-neif
Thermosflasche®	**a thermos flask®** ö θöhmoss flahssk
Tisch	**a table** ö tä'böl
Verbandskasten	**a first-aid kit** ö föhsst ä'd kitt
Vorhängeschloss	**a padlock** ö pædlokk
Wäscheklammern	**some clothes pegs** ssamm kloo^uðs pägs
Waschpulver	**some washing powder** ssamm ^uosching paudö
Werkzeugkasten	**a tool kit** ö tuhl kitt
Zange	**a pair of pliers** ö päö ow pleiös
Zelt	**a tent** ö tänt
Zeltboden	**a ground sheet** ö graund schiet
Zeltstange	**a tent pole** ö tänt poo^ul

Geschirr	Crockery
Becher	**mugs** mags
Tassen	**cups** kapss
Teller	**plates** plä'tss
Untertassen	**saucers** ssohssös

Besteck	Cutlery
Gabeln	**forks** fohkss
Löffel	**spoons** sspuhns
Messer	**knives** neiws
Teelöffel	**teaspoons** tiesspuhns
Plastik-	**plastic** plæsstik
aus rostfreiem Stahl	**stainless steel** sstä'nläss sstiel

Elektrogeschäft — Electrical shop

Die Stromspannung beträgt 240 Volt. Ein Zwischenstecker/Adapter ist für alle kontinentalen Zweistiftstecker unbedingt erforderlich.

Haben Sie eine Batterie hierfür?	**Do you have a battery for this?** duh juh hæw ö bætöri foh ðiss
Das hier ist kaputt. Können Sie es reparieren?	**This is broken. Can you repair it?** ðiss is broo^ukön. kæn juh ripäö itt
Können Sie mir zeigen, wie es funktioniert?	**Can you show me how it works?** kæn juh schoo^u mie hau itt ^uöhkss
Ich hätte gern (einen/eine/ein) …	**I'd like …** eid leik
Adapter	**an adapter** ön ödæptö
Batterie	**a battery** ö bætöri
(Reise-)Bügeleisen	**a travelling iron** ö træwölling eiön
CD-Player	**a CD player** ö ssiedie plä'ö
elektrische Zahnbürste	**an electric toothbrush** ön iläktrik tuθbrasch
Föhn	**a hair drier** ö häö dreiö
Glühbirne	**a light bulb** ö leit balb

Handy	**a mobile (phone)** ö <u>moo</u>ubeil (foo^un)
Kassettenrekorder	**a cassette recorder** ö kössätt rikohdö
Kopfhörer	**some headphones** ssamm <u>hädd</u>foo^uns
Lampe	**a lamp** ö læmp
Laptop	**a laptop** ö <u>læpp</u>topp
Radio	**a radio** ö <u>rä</u>ⁱdijoo^u
Autoradio	**a car radio** ö kah <u>rä</u>ⁱdijoo^u
Radiowecker	**a clock-radio** ö <u>klokk</u>-räⁱdijoo^u
Rasierapparat	**a shaver** ö <u>schä</u>ⁱwö
Sicherung	**a fuse** ö fjuhs
Stecker	**a plug** ö plag
Taschenlampe	**a torch** ö tohtsch
Taschenrechner	**a pocket calculator** ö <u>pokk</u>it kælkjuläⁱtö
Tauchsieder	**an immersion-heater** ön imöschön-<u>hie</u>tö
Verlängerungskabel	**an extension cord** ön iksstänschön kohd
Verstärker	**an amplifier** ön æmplifeiö
Videokassette	**a video cassette** ö <u>widi</u>joo^u kössätt
Videorekorder	**a video recorder** ö <u>widi</u>joo^u rikohdö
Wecker	**an alarm clock** ön ölahm klokk

Fotogeschäft

Camera shop

Ich hätte gern einen ... Fotoapparat.	**I'd like ... camera.** eid leik ... kæmörö
automatischen	**an automatic** ön ohtomætik
einfachen	**a simple** ö <u>ssim</u>pöl
preiswerten	**an inexpensive** ön inikss<u>pänss</u>iw
Ich möchte Passbilder machen lassen.	**I'd like to have some passport photos taken.** eid leik tu hæw ssamm <u>pahss</u>poht <u>foo</u>^utoo^us täⁱkön
Digitalkamera	**digital camera** did3itl kæmörö
Videokamera	**video camera** <u>widi</u>oo^u kæmörö

Filme

Films

Ich hätte gern einen Film für diese Kamera.	**I'd like a film for this camera.** eid leik ö film foh ðiss kæmörö
Diafilm	**slide film** ssleid film
Farbfilm	**colour film** kallö film
Schwarz-Weiß-Film	**black-and-white film** blæk ænd ^ueit film
24/36 Aufnahmen	**24/36 exposures** t^uäntifoh/θöhtissikss iksspoo^uʒös
dieses Format	**this size** ðiss sseis
Kunstlichtfilm	**artificial light film** ahtifischöl leit film
Tageslichtfilm	**daylight film** dä'leit film

Entwicklung

Processing

Was kostet das Entwickeln?	**How much do you charge for processing?** hau matsch duh juh tschahdʒ foh proo^ussässing
Ich möchte ... Abzüge von jedem Negativ.	**I'd like ... prints of each negative.** eid leik ... printss ow ietsch näggötiew
Hochglanz	**with a glossy finish** ^uið ö glossi finisch
matt	**with a mat finish** ^uið ö mæt finisch
Können Sie das bitte vergrößern?	**Will you enlarge this, please?** ^uill juh inlahdʒ ðiss plies
Wann sind die Fotos fertig?	**When will the photos be ready?** ^uänn ^uill ðö foo^utoo^us bie räddi

Zubehör und Reparatur Accessories and repairs

Ich hätte gern einen/eine/ein ...	**I'd like ...** eid leik
Batterie	**a battery** ö bætöri
Blitz	**a flash** ö flæsch
Filter	**a filter** ö filtö
Farbfilter	**for colour** foh kallö
Schwarz-Weiß-Filter	**for black-and-white** foh blæk ænd ^ueit
UV-Filter	**UV filter** juh wie filtö
Fototasche	**a camera case** ö kæmörö kä'ss

Objektiv	**a lens** ö länss
Teleobjektiv	**a telephoto lens** ö tällifoo^utoo^u länss
Weitwinkelobjektiv	**a wide-angle lens** ö ^ueid-ængöl länss
Sonnenblende	**a lens shade** ö länss schäⁱd
Stativ	**a tripod** ö treipöd
Können Sie diese Kamera reparieren?	**Can you repair this camera?** kæn juh ripäö ðiss kæmörö
Der Film klemmt.	**The film is jammed.** ðö film is dʒæmd
Mit dem ... stimmt etwas nicht.	**There's something wrong with the ...** ðäös ssammθing rong ^uið ðö
Belichtungsmesser	**light meter** leit mietö
Filmtransport	**film winder** film ^ueindö
Verschluss	**shutter** schattö

Juwelier – Uhrmacher Jeweller's – Watchmaker's

Könnte ich mir das bitte ansehen?	**Could I see that, please?** kudd ei ssie ðæt plies
Ich möchte etwas aus Silber/aus Gold.	**I'd like something in silver/in gold.** eid leik ssammθing in ssilwö/in goo^uld
Ich möchte ein kleines Geschenk für ...	**I'd like a small present for ...** eid leik ö ssmohl präsönt foh
Es sollte nicht zu teuer sein.	**I don't want anything too expensive.** ei doo^unt ^uant änniθing tuh iksspänssiw
Ist das ...?	**Is this ...?** is ðiss
Echtsilber	**real silver** riöl ssilwö
Gold	**gold** goo^uld
Wie viel Karat hat es?	**How many carats is this?** hau männi kærötss is ðiss
Können Sie diese Uhr reparieren?	**Can you repair this watch?** kæn juh ripäö ðiss ^uotsch
Sie geht vor/nach.	**It is fast/slow.** itt is fahsst/ssloo^u
Ich hätte gern (einen/eine/ein) ...	**I'd like ...** eid leik
Amulett	**a charm** ö tschahm
Anhänger	**a pendant** ö pändönt
Anstecknadel	**a pin** ö pin

Armband	**a bracelet** ö brä'sslött
Armbanduhr	**a wristwatch** ö risst^uotsch
mit Sekundenzeiger	**with a second hand** ^uiδ ö ssäkönd hænd
wasserdichte	**waterproof** ^uohtöpruhf
Armreif	**a bangle** ö bængöl
Brosche	**a brooch** ö broo^utsch
Edelstein	**a gem** ö dʒäm
Feuerzeug	**a cigarette lighter** ö ssigörätt leitö
Halskette	**a necklace** ö näkliss
Kette/Kettchen	**a chain** ö tschä'n
Krawattennadel	**a tiepin** ö teipin
Kreuz	**a cross** ö kross
Manschettenknöpfe	**some cuff links** ssamm kaff linkss
Ohrringe	**some earrings** ssamm ieörings
Ring	**a ring** ö ring
Ehering	**a wedding ring** ö ^uädding ring
Uhr	**a watch** ö ^uotsch
Stoppuhr	**a stop-watch** ö sstopp-^uotsch
Taschenuhr	**a fob watch** ö fob ^uotsch
Uhrarmband	**a watchstrap** ö ^uotschsstræp
Wecker	**an alarm clock** ön ölahm klokk
Reisewecker	**a travelling alarm clock** ö træwölling ölahm klokk
Zigarettenetui	**a cigarette case** ö ssigörätt kä'ss
Wie heißt dieser Stein?	**What kind of stone is it?** ^uott keind ow sstoo^un is itt

Amethyst	**amethyst** æmöθisst
Bernstein	**amber** æmbö
Diamant	**diamond** deimönd
Elfenbein	**ivory** eiwöri
Email	**enamel** inæmöl
geschliffenes Glas	**cut glass** katt glahss
Gold	**gold** goo^uld
vergoldet	**gold plated** goo^uld plä'töd

Jade	**jade** dʒäʲd
Koralle	**coral** korröl
Kristall	**crystal** krisstöl
Kupfer	**copper** koppö
Onyx	**onyx** onikss
Perle	**pearl** pöhl
Perlmutt	**mother-of-pearl** maðör ow pöhl
Platin	**platinum** plætinöm
rostfreier Stahl	**stainless steel** sstäʲnliss sstiel
Rubin	**ruby** ruhbi
Saphir	**sapphire** ssæfeiö
Silber	**silver** ssilwö
versilbert	**silver plated** ssilwö pläʲtöd
Smaragd	**emerald** ämmöröld
Topas	**topaz** tooᵘpæs
Türkis	**turquoise** töhkᵘeus
Zinn	**pewter** pjuhtö

Optiker — Optician

Ich hätte gern (eine/ein) …	**I'd like …** eid leik
Brille	**some glasses** ssamm glahssis
Brillenetui	**a spectacle case** ö sspäktököl käʲss
Fernglas	**a pair of binoculars** ö päö ow binokjulös
Kontaktlinsen	**some contact lenses** ssamm kontækt länsis
Lupe	**a magnifying glass** ö mægnifeiing glahss
Sonnenbrille	**a pair of sunglasses** ö päö ow ssanglahssis
Meine Brille ist zerbrochen.	**I've broken my glasses.** eiw brooᵘkön mei glahssis
Können Sie sie reparieren?	**Can you repair them for me?** kæn juh ripäö ðämm foh mie
Wann ist sie fertig?	**When will they be ready?** ᵘänn ᵘill ðäʲ bie räddi

149

Können Sie die Gläser auswechseln?	**Can you change the lenses?** kæn juh tschä'ndʒ öö länsis
Ich möchte getönte Gläser.	**I want tinted lenses.** ei ᵘant tintid länsis
Ich bin kurzsichtig/weitsichtig.	**I'm short-sighted/long-sighted.** eim schoht-sseitid/long-sseitid
Ich habe eine Kontaktlinse verloren.	**I've lost one of my contact lenses.** eiw losst ᵘann ow mei kontækt länsis
Können Sie mir eine Ersatzlinse geben?	**Could you give me another one?** kudd juh giew mie önaöö ᵘann
Ich habe harte/weiche Linsen.	**I have hard/soft lenses.** ei hæw hahd/ssoft länsis
Können Sie mir eine Reinigungs-/Aufbewahrungslösung für Kontaktlinsen geben?	**Do you have any cleaning/rinsing solution for contact lenses?** duh juh hæw änni kliening/rinssing ssöluhschön fohr kontækt länsis

Tabakladen — Tobacconist's

Sie erhalten Tabakwaren außer im Tabakladen auch an Kiosken, in Kaufhäusern, Süßwarengeschäften oder aus Automaten.

Eine Schachtel Zigaretten, bitte.	**A packet of cigarettes, please.** ö pækit ow ssigörättss plies
Ich hätte gern eine Stange Zigaretten.	**I'd like a carton of cigarettes.** eid leik ö kahtön ow ssigörättss
Geben Sie mir bitte …	**Give me …, please.** giw mie … plies
Bonbons	**some sweets** ssamm ssᵘietss
ein Feuerzeug	**a lighter** ö leitö
Kaugummi	**some chewing gum** ssamm tschuhing gam
eine Pfeife	**a pipe** ö peip
Pfeifentabak	**some pipe tobacco** ssamm peip töbækooᵘ
Postkarten	**some postcards** ssamm pooᵘsstkahds
Schokolade	**some chocolate** ssamm tschoklit
Streichhölzer	**some matches** ssamm mætschis
Tabak	**some tobacco** ssamm töbækooᵘ
Zigarren	**some cigars** ssamm ssigahs

Zigaretten	**some cigarettes** ssamm ssigörättss
mild/stark	**mild/strong** meild/sstrong
ein Zigarettenetui	**a cigarette case** ö ssigörätt kä'ss

Verschiedenes

Miscellaneous

Souvenirs

Souvenirs

Als Souvenirs aus Großbritannien bieten sich zum einen kulinarische Besonderheiten an, wie z.B. die große Palette an Teesorten und ausgefallenen Teemischungen mit Jasmin oder Lavendel. Dazu passen gut die vielen Sorten an Keksen, Mürbegebäck (*shortbread*) und Schokolade, darunter auch die berühmten Minzplätzchen. Ebenfalls sehr beliebte Mitbringsel sind die feinen *marmalades* (Marmeladen aus Zitrusfrüchten) und *conserves* (Marmeladen aus anderen Früchten).

Weitere typische Souvenirs sind hochwertige Kleidungsstücke wie z.B. Strickwaren aus Schurwolle oder die sogar dem britischen Wetter trotzenden Regenmäntel einiger bekannter Hersteller – und natürlich der Whisky.

Antiquitäten	**antiques** æntiekss
Käse	**cheese** tschies
Kekse	**biscuits** bisskitss
Leinen	**linen** linnön
Porzellan	**china** tscheinö
Stoffe	**fabrics** fæbrikss
Tee	**tea** tie
Strickwaren	**knitwear** nit^uäö
Wolle	**wool** ^uul
Lammwolle	**lamb's wool** læms ^uul
reine Schurwolle	**pure new wool** pju̱ö njuh ^uul

In Schottland gibt es folgende typische Souvenirs:

Dudelsack	**bagpipes** bægpeipss
Kilt/Schottenrock	**kilt** kilt
Stoff mit Schotten-karomuster	**tartan** tahtön

CDs

Haben Sie CDs von …?	**Do you have any CDs by …?** duh juh hæw änni ssiedies bei
Ich hätte gern eine …	**I'd like …** eid leik
CD	**a compact disc/CD** ö kompækt dissk/ssiedie
DVD	**a DVD** ö diewiedie
(leere) Kassette	**a (blank) cassette** ö (blænk) kössätt
Videokassette	**a video cassette** ö widioo^u kössätt
Haben Sie Lieder von …?	**Do you have any songs by …?** duh juh hæw änni ssongs bei
Kann ich diese CD anhören?	**Can I listen to this CD?** kæn ei lissön tu ðiss ssiedie
Gesang	**vocal music** woo^uköl mjuhsik
Instrumentalmusik	**instrumental music** insstrumäntöl mjuhsik
Jazz	**jazz** dӡæs
klassische Musik	**classical music** klæssiköl mjuhsik
Popmusik	**pop music** popp mjuhsik
Rap	**rap** ræp
Reggae	**reggae** rägä^i
Techno	**techno** teknoo^u
Unterhaltungsmusik	**light music** leit mjuhsik
Volksmusik	**folk music** fook mjuhsik

Spielwaren / Toys

Ich hätte gern ein Spielzeug/Spiel …	**I'd like a toy/game …** eid leik ö teu/gä^im
für einen Jungen	**for a boy** fohr ö beu
für ein fünfjähriges Mädchen	**for a 5-year-old girl** fohr ö feiw-jieöroo^uld göhl
Ball (Wasserball)	**a (beach) ball** ö (bietsch) bohl
Bauklötze	**some building blocks** ssamm bilding blockss
Eimer und Schaufel	**bucket and spade** bakitt ænd sspä^id
Kartenspiel	**a card game** ö kahd gä^im

Malbuch	**a colouring book** ö <u>k</u>allöring bukk
Puppe	**a doll** ö doll
Puppenkleider	**some doll's clothes** ssamm dolls kloo^uðs
Puzzle	**a jigsaw puzzle** ö dʒɪgssoh pasöl
Inliner (Inlineskates)	**some in-line skates** ssamm <u>in</u>lein sskäⁱtss
Schachspiel	**a chess set** ö tschäss ssätt
Schnorchel	**a snorkel** ö <u>s</u>snoh<u>k</u>öl
Schwimmflossen	**some flippers** ssamm <u>fl</u>ippös
Spielkarten	**a pack of cards** ö pæk ow kahds
Spielzeugauto	**a toy car** ö teu kah

Lebensmittelgeschäft Grocer's

Kann ich mir das selbst nehmen?	**May I help myself?** mäⁱ ei hälp mei<u>s</u>sälf
Ich hätte gern ein Brot, bitte.	**I'd like some bread, please.** eid leik ssamm brädd plies
Welche Käsesorten haben Sie?	**What sort of cheese do you have?** ^uott ssoht ow tschies duh juh hæw
Ein Stück von …	**A piece of …** ö piess ow
dem dort	**that one** ðæt ^uann
dem auf dem Regal	**the one on the shelf** ðö ^uann on ðö schälf
Ich möchte bitte eins davon.	**I'll have one of those, please.** eill hæw ^uann ow ðoo^us plies
Ich hätte gern …	**I'd like …** eid leik
ein Kilo Äpfel	**a kilo of apples** ö <u>k</u>iloo^u ow æppöls
ein halbes Kilo Tomaten	**half a kilo of tomatoes** hahf ö <u>k</u>iloo^u ow to<u>mah</u>too^us
100 Gramm Butter	**a hundred grams of butter** ö <u>han</u>dröd græms ow <u>batt</u>ö
einen Liter Milch	**a litre of milk** ö <u>lie</u>tö ow milk
ein halbes Dutzend Eier	**half a dozen eggs** hahf ö <u>da</u>sön äggs
vier Scheiben Schinken	**four slices of ham** foh <u>s</u>sleissis ow hæm
eine Packung Tee	**a packet of tea** ö <u>pæ</u>kkit ow tie
ein Glas Marmelade	**a jar of jam** ö dʒah ow dʒæm
eine Dose Pfirsiche	**a tin of peaches** ö tin ow <u>pie</u>tschis

| eine Tube Senf | **a tube of mustard** ö tjuhb ow <u>mass</u>töd |
| eine Schachtel Pralinen | **a box of chocolates** ö bokss ow <u>tschok</u>litss |

Obwohl in Großbritannien seit 1995 alle Waren (außer Milch und Bier) nach metrischen Maßen und Gewichten angeboten werden müssen, benutzen viele Menschen und Geschäfte parallel dazu auch noch das alte Maßsystem.

Maße und Gewichte

1 oz = an ounce ön aunss	**eine Unze** (= 28,35 g)
1 lb = a pound ö paund	**ein Pfund** (= 453,6 g)
1 kg = a kilo ö <u>ki</u>loo^u	**ein Kilo** (= ca. 2,2 lb)
100 g = 100 grams græms	**100 Gramm** (= ca. 3,5 oz)
1 pint peint	**ein Pint** (= 0,568 l)
1 gallon <u>gæ</u>llön	**eine Gallone** (= 4,54 l)
1 litre <u>lie</u>tö	**ein Liter** (= ca. 1,76 Pints)

Ausführliche Umrechnungstabellen finden Sie am Ende dieses Sprachführers auf den Seiten 214 und 215.

Bank und Geldangelegenheiten

Öffnungszeiten   Opening hours

Banken sind im Allgemeinen montags bis freitags von 9.00 oder 9.30 bis 17.00 Uhr geöffnet, größere Filialen auch samstags.

Bei den meisten Geldinstituten finden Sie auch Geldautomaten (ATM), die in Verbindung mit der Geheimnummer die meisten internationalen Karten akzeptieren

Wechselstuben haben oft längere Öffnungszeiten und sind meist auch an Wochenenden geöffnet, bieten jedoch generell einen schlechteren Wechselkurs als öffentliche Geldinstitute an.

Währung   Currency

Die Währungseinheit in Großbritannien ist das Pfund Sterling (*pound*), abgekürzt £. Ein Pfund entspricht 100 *pence*. Häufig wird die Abkürzung *p* für *pence* benutzt.

Kreditkarten werden in den allermeisten Hotels, Restaurants und Geschäften angenommen. Reiseschecks dagegen können Sie nicht überall einlösen.

Entschuldigen Sie bitte, wo ist …	**Excuse me please, where's …** iksskjuhs mie plies ^uäös
die nächste Bank?	**the nearest bank?** öö nieörösst bænk
der nächste Geldautomat?	**the nearest cash dispenser?** öö nieörösst kæsch disspänssö
Wo gibt es eine Wechselstube?	**Where's there a currency exchange?** ^uäös ðäör ö karrönssi iksstschä'ndʒ
Wann öffnet/schließt sie?	**When does it open/close?** ^uänn das itt oo^upön/kloo^us

In der Bank   At the bank

Ich möchte … wechseln.	**I'd like to change some …** eid leik tuh tschä'ndʒ ssamm
Euro	**euros** juhroo^us
Schweizer Franken	**Swiss francs** ss^uiss frænkss
Wie ist der Wechselkurs?	**What's the exchange rate?** ^uottss ði iksstschä'ndʒ rä't

| Geben Sie mir bitte … Zehnpfundscheine. | **Could you give me … ten-pound notes, please.** kudd juh giw mie … tänn paund noo^utss plies |

Geben Sie mir bitte … Zehnpfundscheine. — **Could you give me … ten-pound notes, please.** kudd juh giw mie … tänn paund noo^utss plies

Ich brauche etwas Kleingeld. — **I need some small change.** ei nied ssamm ssmohl tschä'nd3

Ich möchte einen Reisescheck einlösen. — **I'd like to cash a traveller's cheque.** eid leik tuh kæsch ö træwölös tschäkk

Wie hoch sind die Gebühren? — **How much commission do you charge?** hau matsch komischön duh juh tschahd3

Ich habe eine Kreditkarte. — **I have a credit card.** ei hæw ö kräditt kahd

Einzahlung – Abhebung Deposit – Withdrawal

Ich möchte … — **I'd like to …** eid leik tuh

ein Konto eröffnen — **open an account** oo^upön ön ökaunt

… Pfund abheben — **withdraw … pounds** ^uiðdroh … paunds

Ich möchte dies auf mein Konto einzahlen. — **I'd like to pay this into my account.** eid leik tuh pä' ðiss inntuh mei ökaunt

Post und Telefon

Im Postamt   At the post office

Die Postämter in Großbritannien sind montags bis freitags von 9.00 bis 17.30 und samstags von 9.00 bis 12.30 Uhr geöffnet. Häufig befindet sich auch ein Postschalter bei einem *newsagent* (Zeitungshändler).
Briefmarken sind in Postämtern, an Automaten, Zeitungskiosken und in einigen Supermärkten erhältlich.

Innerhalb von Großbritannien können Sie Post besonders schnell (*first class*) oder etwas langsamer (*second class*) versenden.
Innerhalb Europas werden Briefe und Postkarten automatisch per Luftpost befördert.

Wo ist das Postamt?	**Where's the post office?** ^uäös ðö poo^usst offiss
Wann öffnet/schließt es?	**What time does it open/close?** ^uott teim das itt <u>oo</u>^upön/kloo^us
Bitte eine Briefmarke für diesen Brief/diese Postkarte.	**A stamp for this letter/this postcard, please.** ö sstæmp foh ðiss l<u>ä</u>ttö/ðiss poo^usstkahd plies
Was kostet das Porto für einen Brief nach/in die …?	**What's the postage for a letter to …?** ^uottss ðö poo^usstidʒ fohr ö l<u>ä</u>ttö tuh
Deutschland	**Germany** dʒöhmöni
Österreich	**Austria** <u>o</u>hsstriö
Schweiz	**Switzerland** ss^uitssölönd
Wo ist der Briefkasten?	**Where's the letter box?** ^uäös ðö l<u>ä</u>ttö bokss
Ich möchte dies per … senden.	**I'd like to send this …** eid leik tuh ssänd ðiss
Express	**express** iksspr<u>ä</u>ss
Einschreiben	**by registered mail** bei r<u>ä</u>dʒisstöd mä'l
Luftpost	**airmail** <u>ä</u>ömä'l
Kann ich ein Fax schicken?	**Can I send a fax?** kæn ei ssänd ö fækss
Ich möchte ein Paket ins Ausland schicken.	**I'd like to send a parcel abroad.** eid leik tuh ssänd ö <u>pah</u>ssöl öbrohd

Muss ich eine Zollerklärung ausfüllen?	**Do I have to fill in a customs declaration form?** duh ei hæw tuh fill inn ö kasstöms däklörä'schön fohm
Wo ist der Schalter für postlagernde Sendungen?	**Where's the poste restante counter?** ^uäös ðö poo^usst rässtahnt kauntö
Ist Post für mich da/angekommen?	**Is there any post for me?** is ðäö änni poo^usst foh mie
Ich heiße …	**My name is …** mei näⁱm is

STAMPS	**BRIEFMARKEN**
PARCELS	**PAKETE**
POSTE RESTANTE	**POSTLAGERND**

Telefon   Telephone

Die berühmten roten Telefonzellen werden immer mehr durch moderne Zellen aus Glas und Stahl verdrängt.

Für Münztelefone, deren Zahl auch eher abnimmt, benötigen Sie 10 p, 20 p, 50 p oder £ 1.

Kartentelefone akzeptieren in der Regel Kreditkarten und Telefonkarten, die Sie in Postämtern, Kiosken oder kleinen Läden kaufen können.

Die Auslandsvorwahl für Deutschland lautet 00 49, für Österreich 00 43 und für die Schweiz 00 41 (jeweils gefolgt von der Ortsvorwahl ohne Null).

Wo ist das Telefon?	**Where's the telephone?** ^uäös ðö tällifoo^un
Wo ist die nächste Telefonzelle?	**Where's the nearest phone box?** ^uäös ðö nieörösst foo^un bokss
Darf ich Ihr Telefon benutzen?	**May I use your phone?** mäⁱ ei juhs joh foo^un
Ich hätte gern eine Telefonkarte.	**I'd like a telephone card.** eid leik ö tällifoo^un kahd
Haben Sie ein Telefonbuch von …?	**Do you have a telephone directory for …?** duh juh hæw ö tällifoo^un diräktöri foh

Auskunft

Wie ist die Nummer der (internationalen) Auskunft?

Ich möchte nach/in die ... telefonieren.

Deutschland

Österreich

Schweiz

Wie ist die Vorwahl?

Können Sie mir bitte diese Nummer in ... geben?

Ich möchte ein R-Gespräch, bitte.

Am Apparat

Hallo. Hier spricht ...

Ich möchte mit ... sprechen.

Ich hätte gerne die Nebenstelle/Apparat 247.

Wer ist am Apparat?

Ich verstehe Sie nicht.

Könnten Sie bitte lauter/langsamer sprechen?

Operator

What number is the (international) operator? ^uott <u>nam</u>bö is öö (intön<u>æ</u>schönöl) op<u>ö</u>rä^utö

I'd like to make a phone call to ... eid leik tuh mä'k ö foo^un kohl tuh

Germany d<u>ʒ</u>öhmöni

Austria <u>oh</u>sströ

Switzerland ss^uitssölönd

What's the dialling code? ^uottss öö <u>dei</u>ling koo^ud

Can you get me this number in ..., please? kæn juh gätt mie öiss <u>nam</u>bö inn ... plies

I'd like a reversed-charge call, please. eid leik ö ri<u>wöh</u>sst tschahd<u>ʒ</u> kohl plies

Speaking

Hello. This is ... speaking. häl<u>oo</u>^u. öiss is ... <u>sspie</u>king

I'd like to speak to ... eid leik tuh sspiek tuh

I'd like extension 247, please. eid leik iks<u>stän</u>schön tuh foh <u>ssä</u>wwön plies

Who is speaking? huh is <u>sspie</u>king

I don't understand. ei doo^unt and<u>ö</u>sstænd

Could you speak louder/more slowly, please? kudd juh sspiek <u>lau</u>dö/moh ssloo^uli plies

Buchstabiertabelle Telephone alphabet

A	**Alfred** ælfrid		N	**Nellie** nälli
B	**Benjamin** bändʒömin		O	**Oliver** olliwö
C	**Charlie** tschahli		P	**Peter** pietö
D	**David** däᵘwid		Q	**Queen** kᵘien
E	**Edward** ädᵘöd		R	**Robert** robböt
F	**Frederick** frädrik		S	**Samuel** ssæmjuöl
G	**George** dʒohdʒ		T	**Tommy** tommi
H	**Harry** hæri		U	**Uncle** anköl
I	**Isaac** eisök		V	**Victor** wiktö
J	**Jack** dʒæk		W	**William** ᵘiljöm
K	**King** king		X	**X-ray** äkssräᶦ
L	**London** landön		Y	**Yellow** jällooᵘ
M	**Mary** mäöri		Z	**Zebra** säbrö

Bei Abwesenheit   The person you've called is not available

Wann wird er/sie zurück sein?
When will he/she be back?
ᵘänn ᵘill hie/schie bie bæk

Würden Sie ihm/ihr bitte sagen, dass ich angerufen habe?
Will you please tell him/her I called?
ᵘill juh plies täll himm/höh ei kohld

Mein Name ist …
My name is … mei näᶦm is

Könnten Sie ihn/sie bitten, mich anzurufen?
Would you ask him/her to call me?
ᵘudd juh ahssk himm/höh tuh kohl mie

Kann ich eine Nachricht hinterlassen?
Would you take a message, please?
ᵘudd juh täᶦk ö mässidʒ plies

Ich rufe später wieder an.
I'll call again later. eill kohl ögän läᶦtö

Gebühren

Charges

Was kostet dieses Gespräch?
What is the cost of that call?
ᵘott is ðö kosst ow ðæt kohl

Ich möchte das Gespräch bezahlen.
I'd like to pay for the call.
eid leik tuh päᶦ foh ðö kohl

Das hören Sie

There's a call for you.	Ein Anruf für Sie.
Please hold the line.	Bitte bleiben Sie am Apparat.
What number are you calling?	Welche Nummer haben Sie gewählt?
Just a moment, please.	Einen Augenblick, bitte.
The line's engaged.	Die Leitung ist besetzt.
There's no answer.	Es nimmt niemand ab.
He's/She's out at the moment.	Er/Sie ist im Moment nicht da.
You've got the wrong number.	Sie sind falsch verbunden.
This number is unobtainable.	Kein Anschluss unter dieser Nummer.

Gesundheit

Bürger aus EU-Staaten werden in Großbritannien gegen Vorlage eines Internationalen Krankenscheins vom Gesundheitsdienst NHS (*National Health Service*) kostenlos behandelt.

Allgemeines General

Können Sie einen Arzt/eine Ärztin holen?
Can you get me a doctor?
kæn juh gätt mie ö doktö

Gibt es hier einen Arzt/eine Ärztin?
Is there a doctor here?
is ðäör ö doktö hieö

Ich brauche schnell einen Arzt/eine Ärztin.
I need a doctor, quickly.
ei nied ö doktö kᵘikkli

Wo finde ich einen Arzt/eine Ärztin, der/die Deutsch spricht?
Where can I find a doctor who speaks German? ᵘäö kæn ei feind ö doktö huh sspiekss dʒöhmön

Wo ist die Arztpraxis?
Where's the surgery?
ᵘäös ðö ssöhdʒöri

Wann sind die Sprechstunden?
What are the surgery hours?
ᵘott ah ðö ssöhdʒöri auös

Könnte der Arzt/die Ärztin mich hier untersuchen?
Could the doctor come to see me here?
kudd ðö doktö kamm tuh ssie mie hieö

Wann kann der Arzt/die Ärztin kommen?
What time can the doctor come?
ᵘott teim kæn ðö doktö kamm

Können Sie mir eine(n) … empfehlen?
Can you recommend …?
kæn juh räkömänd

Arzt/Ärztin für Allgemeinmedizin
a general practitioner
ö dʒänöröl präktischönö

Kinderarzt/-ärztin
a paediatrician ö pidiötrischön

Frauenarzt/-ärztin
a gynaecologist ö geinäkolodʒisst

Augenarzt/-ärztin
an eye specialist ön ei sspäschölisst

Kann ich … einen Termin bekommen?
Can I have an appointment …?
kæn ei hæw ön öpeuntmänt

sofort
immediately imiedjötli

morgen
tomorrow tömorrooᵘ

so schnell wie möglich
as soon as possible æs ssuhn æs possiböl

Körperteile

	Parts of the body
Arm	**arm** ahm
Arterie	**artery** ahtöri
Auge	**eye** ei
Bein	**leg** lägg
Blase	**bladder** blædö
Brust	**breast** brässt
Brustkorb	**chest** tschässt
Darm	**bowel** bauöl
Daumen	**thumb** θamm
Drüse	**gland** glænd
Finger	**finger** finggö
Fuß	**foot** futt
Gallenblase	**gall-bladder** gohlblædö
Gelenk	**joint** dʒeunt
Geschlechtsorgane	**genitals** dʒänitöls
Gesicht	**face** fäⁱss
Hals (Kehle)	**throat** θroo^ut
Hals (Nacken)	**neck** näkk
Hand	**hand** hænd
Haut	**skin** sskinn
Herz	**heart** haht
Kiefer	**jaw** dʒoh
Knie	**knee** nie
Knochen	**bone** boo^un
Kopf	**head** hädd
Leber	**liver** liwö
Lippe	**lip** lipp
Lunge	**lung** lang
Magen	**stomach** sstammök
Mandeln	**tonsils** tonssils
Mund	**mouth** mauθ
Nase	**nose** noo^us

Nerv	**nerve** nöhw
Nervensystem	**nervous system** nöhwöss ssisstöm
Niere	**kidney** kidni
Ohr	**ear** ieö
Rippe	**rib** ribb
Rücken	**back** bæk
Schenkel	**thigh** θei
Schulter	**shoulder** schoo^uldö
Sehne	**tendon** tändön
Vene	**vein** wäⁱn
Wirbelsäule	**spine** sspein
Zeh	**toe** too^u
Zunge	**tongue** tang

Unfall – Verletzung Accident – Injury

Es ist ein Unfall passiert. **There's been an accident.**
ðäös bien ön ækssidönt

Mein Kind ist hingefallen. **My child has had a fall.**
mei tscheild hæs hæd ö fohl

Er/Sie ist am Kopf verletzt. **He/She has hurt his/her head.**
hie/schie hæs höht his/höh hädd

Ist es eine Gehirnerschütterung? **Is it concussion?**
is itt konkaschön

Er/Sie ist bewusstlos. **He's/She's unconscious.**
hies/schies ankonschös

Er/Sie blutet (stark). **He's/She's bleeding (heavily).**
hies/schies blieding (häwili)

Sein/Ihr Arm ist gebrochen. **His/Her arm is broken.**
his/höhr ahm is broo^ukön

Sein/Ihr Knöchel ist geschwollen. **His/Her ankle is swollen.**
his/höhr ænköl is ss^uoo^ulön

Ich habe mich geschnitten. **I've cut myself.**
eiw katt meissälf

Ich bin gestochen worden. **I've been stung.** eiw bien sstang

Ich habe etwas im Auge. **I've got something in my eye.**
eiw gott ssammθing in mei ei

Ich habe einen/eine/ein …	I've got … eiw gott
Abschürfung	**a graze** ö grä's
Ausschlag	**a rash** ö ræsch
Beule	**a lump** ö lamp
Bisswunde	**a bite** ö beit
Blase	**a blister** ö blisstö
Brandwunde	**a burn** ö böhn
Furunkel	**a boil** ö beul
Schnittwunde	**a cut** ö katt
Schwellung	**a swelling** ö ss^uälling
Stich	**a sting** ö ssting
Wunde	**a wound** ö ^uuhnd
Ich kann … nicht bewegen.	I can't move … ei kahnt muhw
Es tut weh.	**It hurts.** itt höhtss

Das hören Sie

Where does it hurt?	Wo haben Sie Schmerzen?
What kind of pain is it?	Was für Schmerzen haben Sie?
dull/sharp	dumpfe/stechende
throbbing/constant	pulsierende/ständige
I'd like you to have an X-ray.	Sie müssen geröntgt werden.
It's …	Es ist …
torn/dislocated	gerissen/verrenkt
broken/sprained	gebrochen/verstaucht
You've pulled/bruised a muscle.	Sie haben eine Muskelzerrung/-quetschung.
You'll have to have a plaster.	Sie bekommen einen Gipsverband.
It's infected.	Es ist entzündet.
Have you been vaccinated against tetanus?	Sind Sie gegen Wundstarrkrampf geimpft?
I'll give you an antiseptic/an analgesic.	Ich gebe Ihnen ein keimtötendes Mittel/ein Schmerzmittel.

Krankheit — Illness

Ich fühle mich nicht wohl.	**I'm not feeling well.**	eim nott fieling ᵘäll
Ich bin krank.	**I'm ill.**	eim ill
Mir ist schwindelig/übel.	**I feel dizzy/nauseous.**	ei fiel disi/nohsiöss
Ich habe Schüttelfrost.	**I have the shivers.**	ei hæw ðö schiwös
Ich habe Fieber.	**I have a temperature.**	ei hæw ö tämpritschö
Ich habe 38° Fieber.	**My temperature is thirty-eight degrees.**	mei tämpritschö is θöhtiäit digries
Ich habe mich übergeben.	**I've been vomiting.**	eiw bien wommiting
Ich habe Verstopfung.	**I'm constipated.**	eim konsstipä'tid
Ich habe Durchfall.	**I've got diarrhoea.**	eiw gott deiörieö
Ich habe …	**I've got …**	eiw gott
Asthma	**asthma**	æssmö
eine Erkältung	**a cold**	ö kooᵘld
Halsschmerzen	**a sore throat**	ö ssoh θrooᵘt
Herzklopfen	**palpitations**	pælpitä'schöns
Husten	**a cough**	ö koff
Kopfschmerzen	**a headache**	ö häddä'k
Krämpfe	**cramps**	kræmpss
Magenschmerzen	**a stomach ache**	ö sstammök ä'k
eine Magenverstimmung	**an upset stomach**	ön appssät sstammök
Nasenbluten	**a nosebleed**	ö nooᵘsblied
Ohrenschmerzen	**earache**	ieörä'k
Rheuma	**rheumatism**	ruhmötisöm
Rückenschmerzen	**backache**	bækä'k
einen steifen Nacken	**a stiff neck**	ö sstiff näkk
Ich habe Atembeschwerden.	**I have difficulties breathing.**	ei hæw diffikölties brieðing
Ich habe Schmerzen in der Brust.	**I have a pain in my chest.**	ei hæw ö pä'n inn mei tschässt
Ich hatte vor … Jahren einen Herzinfarkt.	**I had a heart attack … years ago.**	ei hæd ö haht ötæk … jieös ögooᵘ

Mein Blutdruck ist zu hoch/zu niedrig.	**My blood pressure is too high/too low.** mei bladd präschö is tuh hei/tuh loo^u
Ich bin gegen … allergisch.	**I'm allergic to …** eim älöhdʒik tuh
Ich bin Diabetiker.	**I'm diabetic.** eim deiöbätik

Frauenarzt/Frauenärztin Gynaecologist

Ich habe Menstruations- beschwerden.	**I have period pains.** ei hæw piöriöd päⁱns
Ich habe eine Scheidenentzündung.	**I have a vaginal infection.** ei hæw ö wödʒeinöl infäkschön
Ich nehme die Pille.	**I'm on the pill.** eim on ðö pill
Ich habe seit zwei Monaten keine Periode mehr gehabt.	**I haven't had my period for two months.** ei hæwönt hæd mei piöriöd foh tuh manθss
Ich bin (im dritten Monat) schwanger.	**I'm (three months) pregnant.** eim (θrie manθss) prägnönt

---

Das hören Sie

How long have you been feeling like this?	Wie lange fühlen Sie sich schon so?
Is this the first time you've had this?	Haben Sie das zum ersten Mal?
I'll take your blood pressure/your temperature.	Ich werde Ihren Blutdruck/Ihre Temperatur messen.
Roll up your sleeve, please.	Krempeln Sie bitte den Ärmel hoch.
Please undress.	Ziehen Sie sich bitte aus.
Please lie down here.	Legen Sie sich bitte hier hin.
Open your mouth.	Öffnen Sie den Mund.
Breathe deeply.	Atmen Sie tief ein und aus.
Cough, please.	Husten Sie bitte.
You've got …	Sie haben …
appendicitis	Blinddarmentzündung
cystitis	Blasenentzündung
the flu	Grippe
food poisoning	Lebensmittelvergiftung
gastritis	Magenschleimhautentzündung
an inflammation of …	…entzündung

jaundice	Gelbsucht
measles	Masern
pneumonia	eine Lungenentzündung
a venereal disease	eine Geschlechtskrankheit
It's (not) contagious.	Es ist (nicht) ansteckend.
I'll give you an injection.	Ich gebe Ihnen eine Spritze.
I want a specimen of your blood/stools/urine.	Ich brauche eine Blut-/Stuhl-/Urinprobe von Ihnen.
You must stay in bed for … days.	Sie müssen … Tage im Bett bleiben.
I want you to see a specialist.	Sie sollten einen Spezialisten aufsuchen.
I want you to go to the hospital for a general check-up.	Sie müssen sich im Krankenhaus ganz durchchecken lassen.
You'll have to have an operation.	Sie müssen operiert werden.

Rezept – Behandlung   Prescription – Treatment

Normalerweise nehme ich dieses Medikament.	**This is my usual medicine.** ðiss is mei juhʒ^uöl mädssin
Können Sie mir dafür ein Rezept geben?	**Can you give me a prescription for this?** kæn juh giw mie ö prässkripschön foh ðiss
Können Sie mir … verschreiben?	**Can you prescribe …?** kæn juh prisskreib
Schlaftabletten	**some sleeping pills** ssamm sslieping pils
ein Antidepressivum	**an antidepressant** ön æntidiprässönt
ein Beruhigungsmittel	**a tranquillizer** ö trænk^uileisö
Ich bin allergisch gegen Antibiotika/Penizillin.	**I'm allergic to antibiotics/penicillin.** eim älöhdʒik tuh æntibei̯otikss/pännissilin
Ich möchte kein zu starkes Mittel.	**I don't want anything too strong.** ei doo^unt ^uant änniθing tuh sstrong
Wie oft täglich soll ich es nehmen?	**How many times a day should I take it?** hau männi teims ö däi̯ schudd ei täi̯k itt
Muss ich sie unzerkaut schlucken?	**Do I swallow them whole?** duh ei ss^ualoo^u ðäm hoo^ul

Das hören Sie

What medicine are you taking?	Welches Medikament nehmen Sie?
Take a teaspoon of this medicine …	Nehmen Sie … von dieser Medizin einen Teelöffel.
Take one pill with a glass of water …	Nehmen Sie … eine Tablette mit einem Glas Wasser.
every … hours	alle … Stunden
… times a day	…mal täglich
before/after each meal	vor/nach jeder Mahlzeit
in the morning/at night	morgens/abends
if there is any pain	wenn Sie Schmerzen haben
for … days/weeks	… Tage/Wochen lang

Honorar   Fee

Wie viel bin ich Ihnen schuldig?
How much do I owe you?
hau matsch duh ei oo^u juh

Kann ich eine Quittung für meine Krankenkasse haben?
May I have a receipt for my health insurance? mä^i ei hæw ö rissiet foh mei hälθ inschuhrönss

Können Sie mir bitte ein Attest ausstellen?
Can I have a medical certificate, please? kän ei hæw ö mädiköl ssöhtifiköt plies

Krankenhaus   Hospital

Bitte benachrichtigen Sie meine Familie.
Please notify my family.
plies noo^{u}tifei mei fæmöli

Von wann bis wann sind die Besuchszeiten?
What are the visiting hours?
^{u}ott ah ðö wisiting auös

Wann darf ich aufstehen?
When can I get up?
^{u}änn kæn ei gätt app

Wann kommt der Arzt/die Ärztin?
When will the doctor come?
^{u}änn ^{u}ill ðö doktö kamm

Ich habe Schmerzen.
I'm in pain. eim in pä'n

Ich kann nicht essen/schlafen.
I can't eat/sleep.
ei kahnt iet/ssliep

Wo ist die Klingel?
Where is the bell? ^{u}äö ris ðö bäll

169

Arzt/Chirurg	**doctor/surgeon**
	doktö/ssöhdӡön
Krankenschwester	**nurse** nöhss
Patient/Patientin	**patient** päˈschönt
Bluttransfusion	**blood transfusion**
	bladd trænssfjuhӡön
Narkose	**anaesthetic** ænössθättik
Operation	**operation** opöräˈschön
Spritze	**injection** indӡäkschön
Bett	**bed** bädd
Bettpfanne	**bedpan** bäddpæn
Thermometer	**thermometer** θömomitö

Zahnarzt/Zahnärztin Dentist

Können Sie mir einen guten Zahnarzt empfehlen?	**Can you recommend a good dentist?** kæn juh räkömänd ö gudd däntisst
Kann ich (so schnell wie möglich) einen Termin bei Herrn/Frau Dr. … haben?	**Can I make an (urgent) appointment to see Mr./Mrs./Ms.[1] …?** kæn ei mäˈk ön (öhdӡönt) öpeuntmönt tuh ssie misstö/missis/mis …
Geht es nicht eher?	**Couldn't you make it earlier?** kuddönt juh mäˈk itt öhliö
Ich habe Zahn-schmerzen.	**I've got toothache.** eiw gott tuhθäˈk
Ich habe eine Plombe verloren.	**I've lost a filling.** eiw losst ö filling
Der Zahn wackelt/ist abgebrochen.	**The tooth is loose/has broken off.** ðö tuhθ is luhss/hæs brooᵘkön off
Dieser Zahn tut weh.	**This tooth hurts.** ðiss tuhθ höhtss
oben	**at the top** æt ðö topp
unten	**at the bottom** æt ðö bottöm
vorne	**in the front** inn ðö frant
hinten	**at the back** æt ðö bæk

---

[1] Ärzte und Ärztinnen spricht man mit Namen und Titel an – z. B. *Doctor Smith* – Zahnärzte/Zahnärztinnen und Chirurgen/Chirurginnen hingegen mit Mr., Mrs. oder Ms.

Ist es ein Abszess/eine Entzündung?	**Is it an abscess/an infection?** is itt ön æbssiss/ön infäkschön
Können Sie ihn provisorisch behandeln?	**Can you fix it temporarily?** kæn juh fikss itt tämpöröröli
Ich möchte ihn nicht ziehen lassen.	**I don't want it taken out.** ei doo^unt ^uant itt täⁱkön aut
Können Sie mir eine Spritze geben?	**Could you give me an anaesthetic?** kudd juh giw mie ön ænössθätik
Das Zahnfleisch …	**The gum …** ðö gamm
ist wund	**is sore** is ssoh
blutet	**is bleeding** is blieding
Meine Prothese ist zerbrochen.	**I've broken my denture.** eiw broo^ukön mei däntschö
Können Sie diese Prothese reparieren?	**Can you repair this denture?** kæn juh ripäö ðiss däntschö
Wann ist sie fertig?	**When will it be ready?** ^uänn ^uill itt bie räddi

Wörterbuch & Grammatik

Kurzgrammatik

Artikel (Geschlechtswort)

Im Englischen gibt es für den bestimmten Artikel (der, die, das) im Singular und Plural nur eine Form: *the*.

the room, the rooms   das Zimmer, die Zimmer

Der unbestimmte Artikel (ein, eine) hat zwei Formen: Vor einem Konsonanten (Mitlaut) heißt er *a* und vor einem Vokal (Selbstlaut) oder stummen h *an* (sodass man im Sprechfluss keine Pause machen muss, sondern *an* und das folgende Substantiv aneinander binden kann).

a coat   ein Mantel
an umbrella   ein Schirm
an hour   eine Stunde

Some drückt eine unbestimmte Menge oder Anzahl aus.

I'd like some coffee, please.   Ich möchte bitte Kaffee.

Any wird in Verneinungen und in Fragen verwendet.

There isn't any soap.   Es gibt keine Seife.
Do you have any stamps?   Haben Sie Briefmarken?

Das Substantiv (Hauptwort)

Der **Plural** (Mehrzahl) der meisten Substantive wird durch Anhängen von -(*e*)s gebildet.

cup – cups (Tasse – Tassen)
dress – dresses (Kleid – Kleider)

Wenn ein Substantiv auf -*y* endet und der vorletzte Buchstabe ein Konsonant ist, dann lautet die Pluralendung -*ies*. Ist der vorletzte Buchstabe ein Vokal, dann wird der Plural normal gebildet.

lady – ladies (Dame – Damen)
journey – journeys (Reise – Reisen)

Manche Substantive bilden jedoch eine unregelmäßige Pluralform – nachfolgend einige der wichtigsten Beispiele:

man – men   **woman – women** (wimin)
(Mann – Männer)   (Frau – Frauen)

child – children   **foot – feet**
(Kind – Kinder)   (Fuß – Füße)

Der Genitiv (2. Fall)

1. Bei Personen: Wenn das Substantiv nicht auf -s endet, wird 's angefügt.

the boy's room   das Zimmer des Jungen
the children's clothes   die Kleider der Kinder

Endet das Substantiv auf -s, wird nur ein Apostroph (') angehängt.

the boys' rooms   die Zimmer der Jungen

2. Bei Gegenständen sowie bei Mengen- und Maßangaben wird die Präposition *of* verwendet.

the garden of the   der Garten des Hauses
house
a cup of tea   eine Tasse Tee

Die Adjektive (Eigenschaftswörter)

Adjektive stehen normalerweise vor dem Substantiv.

a large brown suitcase   ein großer brauner Koffer

Die Steigerungsformen (Komparativ und Superlativ) werden auf zwei Arten gebildet:

1. Bei einsilbigen und vielen zweisilbigen Adjektiven wird -(e)r bzw. -(e)st angefügt.

small (klein) **– smaller** (kleiner) **– smallest** (am kleinsten)
pretty (hübsch) **– prettier** (hübscher) **– prettiest**[1] (am hübschesten)

---

[1] *y* wird zu *i*, wenn ein Konsonant (Mitlaut) vorangeht.

2. Bei Adjektiven mit drei oder mehr Silben und bei einigen zweisilbigen Adjektiven wird die Steigerungsform mit *more* und *most* gebildet.

expensive (teuer) – **more expensive** (teurer) – **most expensive** (am teuersten)

useful (nützlich) – **more useful** (nützlicher) – **most useful** (am nützlichsten)

tired (müde) – **more tired** (müder) – **most tired** (am müdesten)

Die folgenden Adjektive sind unregelmäßig:

good (gut)	**better** (besser)	**best** (am besten)
bad (schlecht)	**worse** (schlechter)	**worst** (am schlechtesten)
little (wenig)	**less** (weniger)	**least** (am wenigsten)
much/many (viel(e))	**more** (mehr)	**most** (am meisten)

Die Pronomen (Fürwörter)

Personalpronomen (persönliche Fürwörter)

	Subjekt	Objekt (Akk./Dat.)	
ich	**I**	**me**	mich/mir
du; Sie	**you**	**you**	dich/dir; Sie/Ihnen
er	**he**	**him**	ihn/ihm
sie	**she**	**her**	sie/ihr
es; sie; er	**it**	**it**	es/ihm; sie/ihr; ihn/ihm
wir	**we**	**us**	uns
ihr; Sie	**you**	**you**	euch; Sie/Ihnen
sie (*Plural*)	**they**	**them**	sie/ihnen

Possessivpronomen (besitzanzeigende Fürwörter)

	1	2	
mein usw.	**my**	**mine**	meins usw.
dein usw.; Ihr usw.	**your**	**yours**	deins usw.; Ihrs usw.
sein usw.	**his**	**his**	seins usw.
ihr usw.	**her**	**hers**	ihrs usw.
sein usw.; ihr usw.	**its**	–	seins usw.; ihrs usw.
unser usw.	**our**	**ours**	unsers usw.
euer usw.; Ihr usw.	**your**	**yours**	euers usw.; Ihrs usw.
ihr (*Plural*) usw.	**their**	**theirs**	ihrs (*Plural*) usw.

Die Form 1 der Possessivpronomen wird vor Substantiven gebraucht; Form 2 steht dagegen allein.

Where's my key? Wo ist mein Schlüssel?

That's not mine. Das ist nicht meiner.

Achtung: Im Englischen wird kein Unterschied zwischen „du" und „Sie" gemacht. Es gibt nur die Form *you*.

Give it to me. Gib es mir./Geben Sie es mir.

He came with you. Er kam mit dir/mit Ihnen.

Die Verben (Zeitwörter)

Das Präsens (einfache Gegenwart)

Normalerweise wird das Präsens gebildet, indem die Infinitivform verwendet wird. Die einzige Ausnahme dabei bildet die 3. Person Singular, die auf -(*e*)*s* endet.

	to love (lieben)	to come (kommen)	to go (gehen)
I	love	come	go
you	love	come	go
he/she/it	loves	comes	goes
we	love	come	go
you	love	come	go
they	love	come	go

Die Verneinung wird gebildet, indem das Hilfsverb *do* hinzugefügt wird: *do* (bzw. *does* in der 3. Person Singular) + *not* + Infinitiv.

We do not (= don't) like this hotel.
Wir mögen dieses Hotel nicht.

Fragen werden mit dem Hilfsverb *do* (*does*) + Subjekt + Infinitiv gebildet.

Do you drink wine?	Trinken Sie Wein?
Does he live here?	Wohnt er hier?

Die Verlaufsform des Präsens

Diese Form, die es im Deutschen nicht gibt, wird nur von bestimmten Verben gebildet. Man benutzt sie, um auszudrücken, dass man gerade bei einer Beschäftigung ist oder dass ein Geschehen noch andauert während man spricht.

Sie wird gebildet, indem man an die entsprechende Form des Verbs *to be* das Partizip Präsens anhängt: *to be* + Partizip Präsens.

Das Partizip Präsens wird gebildet, indem man *-ing* an den Infinitiv hängt (ein *-e* am Ende des Verbs wird dabei weggelassen).

What are you doing?	Was machen Sie? (= jetzt, in diesem Augenblick)
I'm writing a letter.	Ich schreibe gerade einen Brief.

Die Hilfsverben

Hier die Formen von den beiden wichtigsten Hilfsverben im Präsens:

a) to be (sein)

	Kurzformen	Verneinung – Kurzformen	
I am	I'm	I'm not	
you are	you're	you're not	you aren't
he is	he's	he's not	he isn't
she is	she's	she's not	she isn't
it is	it's	it's not	it isn't
we are	we're	we're not	we aren't
you are	you're	you're not	you aren't
they are	they're	they're not	they aren't

Frage:

Am I … ?– Are you …? – Is he …? usw.

In der Umgangssprache werden fast ausschließlich die Kurzformen gebraucht.
Im Englischen gibt es zwei Formen für das deutsche "es gibt":
Vor einem Substantiv im Singular steht *there is …* (*there's …*) und vor einem Substantiv im Plural *there are …*

Verneinung: **There isn't … – There aren't …**

Frage: **Is there …? – Are there …?**

b) to have (haben)

	Kurzform		Kurzform
I have	I've	we have	we've
you have	you've	you have	you've
he/she/it has	he's/she's/it's	they have	they've

Verneinung: **I have not (= haven't)** …

Frage: **Have you …? – Has he …?**

c) to do (tun, machen)

I do
you do
he/she/it does
we do
you do
they do

Verneinung:
I do not (= don't) … **– He does not (= doesn't)** …

Frage: **Do you …? – Does he …?**

Der Imperativ (Befehlsform)

Der Imperativ (Singular und Plural) hat dieselbe Form wie der Infinitiv (ohne *to*). Die Verneinung beim Imperativ wird mit *don't* gebildet.

Please bring me some water.	Bringen Sie mir bitte etwas Wasser.
Don't be late.	Kommen Sie nicht zu spät.

Die Adverbien (Umstandswörter)

Adverbien werden meistens durch das Anhängen von -*ly* an das Adjektiv gebildet.

quick – quickly	schnell
slow – slowly	langsam

She speaks quickly/slowly.
Sie spricht schnell/langsam.

Zwei wichtige Ausnahmen:

good – well	gut
He cooks very well.	Er kocht sehr gut.
fast – fast	schnell
Children learn fast.	Kinder lernen schnell.

Wörterbuch

Deutsch – Englisch

A

Aal eel
abbiegen to turn
Abend evening
Abendessen dinner; supper
Abendkleid evening dress
abends in the evening
aber but
abfahren to leave
Abflug departure
Abführmittel laxative
abgeben (*Gepäck*) to leave
abheben to withdraw
Abhebung withdrawal
abholen to pick up; to call for
Abkürzung abbreviation
abreisen to leave
absagen to cancel
Absatz (*Schuh*) heel
Abschleppseil towrope
Abschleppwagen breakdown van
Abschminkpads make-up remover pads
Abschürfung graze
Abszess abscess
Abtei abbey
Abteil compartment
Abteilung department
Abzug (*Foto*) print
Accessoires accessories
acht eight
achte(r) eighth
Achtung! Look out!
achtzehn eighteen
achtzig eighty

Adapter adapter
Adressbuch address book
Adresse address
Afrika Africa
Alkohol alcohol
alkoholfrei nonalcoholic
alkoholisch alcoholic
allergisch allergic
alles everything
allgemein general
Alphabet alphabet
als (*Vergleich*) than
alt old
Alter age
Altstadt old town
Aluminiumfolie tinfoil
Amethyst amethyst
Ampel traffic lights
Amulett charm
an at, on
Ananas pineapple
andere other
ändern (*Kleidung*) to alter
Anfang beginning
Angelausrüstung fishing tackle
angeln to fish
Angelschein fishing licence
angenehm enjoyable
Anhänger (*Schmuck*) pendant
Anis aniseed
ankommen to arrive; to get to
Ankunft arrival
anlegen (*Schiff*) to call at
Anlegeplatz embarkation point
anmelden, sich to make an appointment

Anmeldeschein registration form

Anmeldung (*Hotel*) registration

annähen to sew on

anprobieren to try on

Anruf call

anrufen to call

Anschluss (*Flug*, *Zug*) connection

Anschrift address

Ansichtskarte postcard

anspringen (*Auto*) to start

ansteckend contagious

Anstecknadel pin

Antibiotikum antibiotic

antiquarisch second-hand

Antiquitäten antiques

Antiquitätengeschäft antique shop

Antwort answer

anzeigen (*Polizei*) to report

Anzug suit

Apfel apple

Apfelkuchen apple pie

Apfelsaft apple juice

Apfelsine orange

Apotheke/Drogerie chemist's

Aprikose apricot

April April

Arbeit work

arbeiten to work

Archäologie archaeology

Architekt architect

Architektur architecture

Arm arm

Armband bracelet

Armbanduhr wristwatch

Ärmel sleeve

Armreif bangle

Arterie artery

Artischocke artichoke

Arzt/Ärztin doctor

ärztlich medical

Arztpraxis surgery

Aschenbecher ashtray

Asien Asia

Aspirin® aspirin

Asthma asthma

atmen to breathe

Aubergine aubergine

auch also

auf on

Aufenthalt stay

Aufführung performance

aufgeben (*Gepäck*) to register; (*Post*) to post, to send

Aufhellung bleach

aufmachen to open

Aufnahme (*Foto*) exposure

Aufschnitt cold cuts

aufschreiben to write down

Aufschrift sign

aufstehen to get up

Auf Wiedersehen goodbye

Aufzug lift

Auge eye

Augenarzt/-ärztin eye specialist

Augenblick moment

Augenbrauenstift eyebrow pencil

Augentropfen eye drops

August August

Ausdruck phrase; term

Ausfahrt exit

Ausflug excursion

ausfüllen to fill in

Ausgang exit

ausgeben to spend

ausgehen to go out

Auskunft information; (*Telefon-*) operator

Auskunftsbüro information bureau

Ausland (*im*, *ins*) abroad

ausländisch foreign
Auspuff exhaust pipe
Ausrüstung equipment
Ausschlag rash
außer except
Aussicht view
Aussprache pronunciation
aussteigen to get off
Ausstellung exhibition
Auster oyster
Australien Australia
Ausverkauf clearance
ausverkauft sold out
auswechseln to change
ausziehen, sich to undress
Auto car
Autobahn motorway
Autofähre car ferry
automatisch automatic
Autoradio car radio
Autorennen car racing
Autoverleih car hire

B

Baby baby
Babysitter babysitter
Bach brook
Bäckerei baker's
Backpflaume prune
Bad bath
Badeanzug swimsuit
Badehose swimming trunks
Badekabine bathing hut
Bademantel bathrobe
Bademütze bathing cap
baden to swim
Badetuch bath towel
Badezimmer bathroom
Bahnhof (railway) station
Bahnsteig platform
Bahnübergang level crossing

bald soon
Balkon balcony
Ball ball
Ballett ballet
Banane banana
Bank bank
barock baroque
Barsch perch
Bart beard
Basilikum basil
Basketball basketball
Batterie battery
bauen to build
Bauernhof farm
Bauklötze building blocks
Baum tree
Baumwolle cotton
Becher mug
Bedarfshaltestelle request stop
bedeuten to mean
bedienen to serve
Bedienung service
beeilen, sich to hurry (up)
beginnen to start
Begrüßung greeting
behalten to keep
Behandlung treatment
behindert disabled
bei at
beige beige
Beilage (*Küche*) side dish
Bein leg
Bekleidung clothing
bekommen to get
Belgien Belgium
Belichtungsmesser light meter
benachrichtigen to notify
benutzen to use
Benzin petrol
Benzinkanister jerry can
berechnen to charge
Berg mountain

Bergschuh climbing boot
Bergsteigen mountaineering
Bernstein amber
Beruf occupation
Beruhigungsmittel tranquilliser
berühren to touch
Bescheid sagen to let (someone) know
besetzt occupied; (*Platz*) taken; (*Telefon*) engaged
besichtigen to visit
Besichtigung sightseeing
besorgen to get; to provide
besser better
bestätigen to confirm
Bestätigung confirmation
beste best
Besteck cutlery
bestellen to ask for; to order; to book
Bestellung order
besuchen to visit
Besuchszeiten visiting hours
Betrag amount
Bett bed
Bettpfanne bedpan
Beule lump
bewegen to move
bewusstlos unconscious
bezahlen to pay
Bibliothek library
Bier beer
Bikini bikini
Bild picture
Bilderbuch picture-book
Bildhauer sculptor
Bildhauerei sculpture
billig cheap
Binde bandage
Bindfaden string
Birne pear; (*Glüh-*) light bulb
bis until

Bisswunde bite
bitte please
bitten to ask
bitter bitter
Blase (*Organ*) bladder; (*Haut-*) blister
Blasenentzündung cystitis
blau blue
Blaubeere bilberry, blueberry
bleiben to stay
bleifrei unleaded
Bleistift pencil
Bleistiftspitzer pencil sharpener
Blinddarmentzündung appendicitis
Blitz lightning
Blitzlicht flash
Blume flower
Blumengeschäft florist's
Blumenkohl cauliflower
Bluse blouse
Blut blood
Blutdruck blood pressure
bluten to bleed
Bluttransfusion blood transfusion
Blutwurst black pudding
Bohne bean; (*grüne*) French bean
Bonbon sweet
Boot boat
Börse stock exchange
Botanik botany
botanischer Garten botanical gardens
Boxen boxing
Boxkampf boxing match
Brandwunde burn
Braten roast
Brathähnchen roast chicken
Bratpfanne frying pan
brauchen to need; (*Zeit*) to take

braun brown
Brausetablette fizzy tablet
breit wide
Bremse brake
Bremsflüssigkeit brake fluid
Bremslicht brake light
Brennspiritus methylated spirits
Brief letter
Briefkasten letter box
Briefmarke stamp
Briefpapier note paper
Brieftasche wallet
Briefumschlag envelope
Brille glasses
Brillenetui spectacle case
bringen to bring; to take to
britisch British
Brombeere blackberry
Brosche brooch
Brot bread
Brötchen roll
Brücke bridge
Bruder brother
Brunnen fountain
Brust breast; chest
Brustkorb chest
Buch book
buchen to book
Buchhandlung bookshop
Büchse tin
buchstabieren to spell
Bückling kipper
Bügeleisen iron
bügeln to iron
Bungalow bungalow
bunt colourful
Burg castle
Büro office
Büroklammer paper clip
Bürste brush
Bus bus; (*Überland-*) coach
Bushaltestelle bus stop

Bürste brush
Büstenhalter/BH bra
Butangas butane gas
Butter butter

C

Café coffee house, café
Camping camping
Campingausrüstung camping equipment
Campingplatz camp site
CD compact disc/CD
CD-Spieler CD player
chemische Reinigung dry cleaner's
Chicorée chicory
China China
Chirurg(in) surgeon
Cousin(e) cousin
Creme cream

D

Dame lady
Damenbinde sanitary towel
Dampfschiff steamboat
danke thank you
dann then
Darm bowel
das the
Dattel date
Datum date
dauern to take
Dauerwelle perm
Daumen thumb
Deck deck
Decke blanket
dein your
Delikatessengeschäft delicatessen
denken to think

**W
Ö
R
T
E
R
B
U
C
H
&
G
R
A
M
M
A
T
I
K**

Denkmal monument, memorial
Deodorant deodorant
der the
Desinfektionsmittel disinfectant
deutsch German
Deutsch (*Sprache*) German
Deutschland Germany
Dezember December
Dia slide
Diabetiker diabetic
Diamant diamond
Diät diet
dick thick
die the
Dieb thief
Diebstahl theft
Dienstag Tuesday
dies this
Diesel diesel
digital digital
Dill dill
direkt direct
Direktor(in) manager
Dirigent(in) conductor
Diskothek discotheque
Donner thunder
Donnerstag Thursday
Doppelbett double bed
Doppelzimmer double room
Dorf village
dort there
Dose tin
Dosenöffner tin opener
draußen outside
drei three
dreißig thirty
dreizehn thirteen
dringend urgent
drinnen inside
dritte(r) third
Drittel third
Drogerie chemist's

Druck pressure
drücken to push
Druckknopf press stud
Drüse gland
du you
Dudelsack bagpipes
dunkel dark
dünn thin
durch through
durchbrennen (*Glühbirne*) to burn out
Durchfall diarrhoea
durchgehend (*Zug*) through
durchreisen to pass through
Durst haben to be thirsty
durstig thirsty
Dusche shower
Dutzend dozen

E

Ebbe low tide
echt genuine
Ecke corner
Edelstein gem
Ehering wedding ring
Ei egg
eilig haben to be in a hurry
Eimer bucket
ein a, an
Einbahnstraße one-way street
einchecken to check in
eindrucksvoll impressive
einfach simple; (*einfache Fahrt*) single
Eingang entrance
einige a few
Einkaufen shopping
Einkaufsmöglichkeiten shopping facilities
Einkaufsviertel shopping area

Einkaufszentrum shopping centre
einladen to invite
Einladung invitation
einlaufen (*Kleider*) to shrink
einlösen (*Scheck*) to cash
einmal once
einpacken to wrap up
eins one
Einschreiben registered mail
Eintopfgericht stew
Eintritt admission; (*Preis*) entrance fee
einzahlen to pay into
Einzahlung deposit
Einzelkabine single cabin
Einzelzimmer single room
Eis ice; (*Speise-*) ice-cream
Eisbahn skating rink
Eistee iced tea
Eiswürfel ice cube
elastische Binde elastic bandage
elegant elegant
elektrisch electric; electrical
Elektrogeschäft electrical shop
elektronisch electronic
elf eleven
Elfenbein ivory
Eltern parents
E-Mail e-mail
Email enamel
Empfangschef(in) receptionist
empfehlen to recommend
Ende end
Endivie endive
Endstation terminus
eng narrow; (*Kleidung*) tight
England England
englisch English
Ente duck
Enthaarungscreme depilatory cream

enthalten to contain
Entscheidung decision
Entschuldigung! Excuse me!
entwickeln (*Film*) to process
Entzündung inflammation
er he
Erbse pea
Erdbeere strawberry
Erdnuss peanut
erheben (*Gebühr*) to charge
Erkältung cold
erklären to explain
Ermäßigung reduction
eröffnen (*Konto*) to open
Ersatzmine/-patrone refill
Ersatzreifen spare tyre
erstaunlich amazing
erste(r) first
erwarten to expect
Essbesteck cutlery
Essen food; (*Mahlzeit*) meal
essen to eat
Essig vinegar
Etage floor
Etikett label
etwas something
Euro euro
Europa Europe
evangelisch protestant
exotisch exotic
extra extra

F

Faden thread
Fähre ferry
fahren to drive; to go
Fahrkarte ticket
Fahrkartenschalter ticket office
Fahrplan timetable
Fahrpreis fare
Fahrrad bicycle

Fahrstuhl lift
Fahrt journey
Fahrzeugpapiere car registration papers
falsch wrong
Familie family
Farbe colour
färben to dye
Farbfilm colour film
Farbstift crayon
Fasan pheasant
Fax fax
Februar February
fehlen to be missing
Feiertag (public) holiday
Feige fig
Feile file
Feld field
Fenchel fennel
Fenster window
Fensterladen shutter
Ferien holiday(s)
Ferienhaus holiday cottage
Fernglas binoculars
Fernseher television
fertig ready
Festung fortress
Fett fat
fettig (*Haar*) greasy
Feuchtigkeitscreme moisturizing cream
Feuer fire; light
Feuerzeug (cigarette) lighter
Fieber fever; temperature
fiebersenkendes Mittel antipyretic
Fieberthermometer thermometer
Film film
Filmtransport film winder
Filter filter
Filzstift felt-tip pen
finden to find

Finger finger
Fisch fish
Fischgeschäft fishmonger's
flach flat
Flasche bottle
Flaschenöffner bottle opener
Fleck stain
Fleece fleece
Fleisch meat
Fleischerei butcher's
flicken to mend
Fliege (*Krawatte*) bow tie
Flohmarkt flea market
Flug flight
Flughafen airport
Flugnummer flight number
Flugzeug plane
Fluss river
Flussfahrt river trip
Flüssigkeit fluid
Flut high tide
folgen to follow
Föhn hair drier
föhnen to blow-dry
Forelle trout
Form shape
Format size
Formular form
Foto photo
Fotoapparat camera
Fotogeschäft camera shop
Fotograf photographer
fotografieren to take pictures
Fototasche camera case
Frage question
fragen to ask
Frankreich France
Frau woman; (*Ehefrau*) wife; (*Anrede*) Mrs., Ms.
Frauenarzt/-ärztin gynaecologist
frei free

W
Ö
R
T
E
R
B
U
C
H
&
G
R
A
M
M
A
T
I
K

WÖRTERBUCH & GRAMMATIK

freier Tag day off
Freitag Friday
Fremdenführer (tourist) guide
Fremdenverkehrsbüro tourist office
Freund friend; boyfriend
Freundin friend; girlfriend
freundlich kind
Friedhof cemetery
Frikadelle hamburger
frisch fresh
Friseur hairdresser's
Frisur hairstyle
froh happy
fröhlich merry
Frost frost
Frottee towelling
Frucht fruit
Fruchtsaft fruit juice
früh early
Frühling spring
Frühstück breakfast
fühlen to feel
Führerschein driving licence
Führung guided tour
Füllfederhalter fountain pen
Fundbüro lost property office
fünf five
fünfte(r) fifth
fünfzehn fifteen
fünfzig fifty
funktionieren to work
für for
Furunkel boil
Fuß foot; (*zu Fuß*) on foot
Fußball football
Fußcreme foot cream
Fußgänger pedestrian
Fußweg footpath

G

Gabel fork
Galerie gallery
Gallenblase gall-bladder
Gangschaltung gears
Gans goose
ganz whole
Garage garage
Garderobe cloakroom
Garnele prawn
Garten garden
Gas gas
Gaskocher camping stove
Gasthaus inn
Gebäck pastry
gebacken baked
Gebäude building
geben to give
Gebiss denture
geboren born
gebraten fried
Gebrauch use
Gebrauchtwarenladen second-hand shop
gebrochen broken
Gebühr commission; charge
Geburtsdatum date of birth
Geburtsort place of birth
Geburtstag birthday
gedämpft (*Küche*) steamed
Gedeck cover charge
Gefahr danger
gefährlich dangerous
gefallen to like
Geflügel poultry
gegen against
Gegensatz opposite
gegenüber opposite
gegrillt grilled
gehen to walk; to go

Gehirnerschütterung concussion
gekocht boiled
gelb yellow
Gelbsucht jaundice
Geld money; (*Währung*) currency
Geldautomat cash dispenser
Geldschein (bank) note
Gelenk joint
gemischt mixed
Gemüse vegetable
Gemüsegeschäft greengrocer's
genug enough
geöffnet open
Geologie geology
Gepäck luggage
Gepäckaufbewahrung left-luggage office
geradeaus straight ahead
Gericht court house; (*Speise*) dish
Geschäft shop; business
Geschäftsreise business trip
Geschäftsviertel business district
Geschenk gift; present
Geschenkpapier gift wrapping paper
Geschichte history
Geschirr crockery
Geschlechtskrankheit venereal disease
Geschlechtsorgane genitals
geschlossen shut
Geschwindigkeit speed
geschwollen swollen
Gesicht face
Gesichtsmaske face-pack
Gesichtspuder face powder
Gespräch (*Telefon*) call
Gestell (*Brille*) frame

gestern yesterday
getönt tinted
Getränk drink
Getränkekarte (*Restaurant*) wine list
Getreideflocken cereal
getrennt separate
Gewinn profit
Gewitter thunderstorm
Gewohnheit habit
gewöhnlich usual
Gewürz spice
Gewürzgurke gherkin
Gift poison
Gipsverband plaster
Glas glass; (*Brille*) lens; (*Einmach-*) jar
glauben (*meinen*) to think
gleich same
Gleis platform
Glück luck
glücklich happy
Glückwunsch congratulation
Glühbirne light bulb
Gold gold
goldfarben golden
Golf golf
Golfplatz golf course
gotisch gothic
Gottesdienst (religious) service
Grab tomb
Gramm gram
Grapefruit grapefruit
grau grey
Griechenland Greece
Grill grill
Grippe flu
groß big; large
großartig magnificent
Großbritannien Great Britain
Größe size
Großmutter grandmother

Großvater grandfather
grün green
Grünanlage/-garten garden
Green Card Green Card
Gruppe group
Gruß greeting, regard
gültig valid
Gummi rubber
Gummiband elastic
Gummisohle rubber sole
Gummistiefel Wellington boots
Gurke cucumber
Gürtel belt
gut good; (*Adv.*) well; fine

H

Haare hair
Haarfestiger setting lotion
Haargel hair gel
Haarschnitt haircut
Haarspange hair slide
Haarspray hair spray
haben to have
Hackfleisch minced meat
Hafen harbour
Hafenanlagen docks
Hafenrundfahrt tour of the harbour
Haferbrei porridge
Hagel hail
Hähnchen chicken
halb half
Halbpension half board
Hälfte half
Hallo! Hello!
Hals (*Kehle*) throat; (*Nacken*) neck
Halskette necklace
Halspastille throat lozenge
Halsschmerzen sore throat
Halstuch scarf
Halt! Stop!

halten to stop
Haltestelle stop
Hammelfleisch mutton
Hammer hammer
Hand hand
Handcreme hand cream
handgearbeitet handmade
Handschuh glove
Handtasche handbag
Handtuch towel
Hängematte hammock
Handy mobile (phone)
hart hard
Hase hare
Haselnuss hazelnut
hässlich ugly
Haupt- main
Hauptrolle lead
Haus house
hausgemacht home-made
Hausschuh slipper
Haut skin
Hecht pike
Heftklammer staple
Heftpflaster (sticking) plaster
Heide heath
Heidelbeere bilberry, blueberry
Heilbutt halibut
heiß hot
heißen (*bedeuten*) to mean
heizen to heat
Heizung heating
helfen to help
hell light
Hemd shirt
herabsetzen to reduce
Herbst autumn
Hering herring; (*Zelt*) tent peg
Herr Mr.
herrlich superb; lovely
Herz heart
Herzanfall/-infarkt heart attack

Herzklopfen palpitations
Herzmuschel cockle
Heuschnupfen hay fever
heute today
hier here
Hilfe help
Himbeere raspberry
Himmel sky
hinauf up
hinlegen to lie down
hinsetzen, sich to sit down
hin und zurück (*Fahrt*) return
hinten at the back
hinter behind
hinterlegen to deposit
hinunter down
Hinweis notice
Hirsch (*Küche*) venison
hoch high
Hochsaison peak season
Höhle cave
holen to get
Holzkohle charcoal
homöopathisch homeo-
   pathic
Honig honey
Honorar fee
hören to listen
Hose trousers
Hotel hotel
Hotelführer hotel guide
Hotelpersonal hotel staff
Hotelreservierung hotel reser-
   vation
hübsch pretty
Hubschrauber helicopter
Hügel hill
Huhn chicken
Hühneraugenpflaster corn
   plaster
Hummer lobster
Hund dog

hundert hundred
Hunger haben to be hungry
hungrig hungry
Husten cough
husten to cough
Hustensirup cough syrup
Hut hat

I

ich I
ihr you; her
Imbiss snack
immer always
impfen to vaccinate
importiert imported
in in
inbegriffen included
Indien India
Infektion infection
infiziert infected
Inflation inflation
Informationsschalter informa-
   tion desk
Ingwer ginger
Inlineskates in-line skates
Innenstadt city centre, town
   centre
Insektenschutz insect repellent
Insektenstich insect bite
interessant interesting
interessieren, sich to be
   interested in
international international
irgendwo somewhere
irisch Irish
Irland Ireland
Irrtum mistake
Italien Italy

J

ja yes
Jacke jacket
Jade jade
jagen to hunt
Jahr year
Jahreszeit season
Jahrhundert century
Jahrzehnt decade
Januar January
Japan Japan
Jeans jeans
Jeansstoff denim
jeder every
jemand anyone
jetzt now
Joggen jogging
Joghurt yoghurt
Johannisbeere red currant
Jugendherberge youth hostel
Juli July
jung young
Junge boy
Juni June
Juwelier jeweller's

K

Kabeljau cod
Kabine cabin
Kaffee coffee
Kalbfleisch veal
Kalender calendar
kalt cold
Kamera camera
Kamm comb
Kammmuschel scallop
Kanada Canada
Kanal canal
Kaninchen rabbit
Kapelle chapel

Kapern capers
kaputt broken
Karat carat
Karfreitag Good Friday
Karotte carrot
Karte card; (*Land-*) map; (*Eintritts-*) ticket
Kartenspiel card game
Kartoffel potato
Kartoffelchips crisps
Kartoffelpüree mashed potatoes
Käse cheese
Kaschmir cashmere
Käsekuchen cheesecake
Kasse cash desk
Kassette cassette
Kassettenrekorder cassette recorder
Kastanie chestnut
Katalog catalogue
Kater hangover
Kathedrale cathedral
katholisch catholic
Kauf purchase
kaufen to buy
Kaufhaus department store
Kaugummi chewing gum
Keilriemen fan belt
kein no
Keks biscuit
Kellner waiter
Kellnerin waitress
kennen to know
kennen lernen to get to know
Keramik ceramics
Kerze candle
Kette chain; (*Hals-*) necklace
Keule leg
Kiefer jaw
Kilo kilo
Kilometer kilometre

Kilt kilt
Kind child
Kinderarzt/-ärztin paediatrician
Kinderbett cot
Kinderbuch children's book
Kinderkleider children's clothes
Kino cinema
Kino-/Theaterkasse box office
Kirche church
Kirsche cherry
Klappstuhl folding chair
Klapptisch folding table
Klasse class
klassisch classical
Klebstoff glue
Klebeband adhesive tape
Kleid dress
Kleider clothes
Kleiderbügel hanger
Kleidergeschäft clothes shop
klein small
Kleingeld (small) change
Kleintaxi minicab
klemmen to jam; to stick
Klimaanlage air conditioning
Klingel bell
klingeln to ring
Klippe cliff
klopfen to knock
Kloster (*Frauen*) convent; (*Männer*) monastery
Knie knee
Kniestrumpf (knee)sock
knitterfrei crease resistant
Knoblauch garlic
Knöchel ankle
Knochen bone
Knopf button
Kochtopf saucepan
koffeinfrei decaffeinated
Koffer suitcase
Kofferkuli luggage trolley

Kognak cognac
Kohl cabbage
Kohletablette charcoal tablet
Kokosnuss coconut
kommen to come
Komödie comedy
Kompass compass
Konditorei cake shop
Kondom condom
Konferenzgebäude conference centre
königlich royal
können can
Kontaktlinse contact lens
Konto account
Kontokarte bank card
Kontrolle control
kontrollieren to check
Konzert concert
Konzerthalle concert hall
Kopf head
Kopfhörer headphone
Kopfkissen pillow
Kopfsalat lettuce
Kopfschmerzen headache
Koralle coral
Korb basket
Kord corduroy
Korkenzieher corkscrew
Körper body
Körper- und Schönheitspflegeartikel toiletries
Körpermilch body lotion
Körperpuder talcum powder
Kosmetiksalon beauty salon
kosten to cost
Kostüm suit
Kotelett chop
Koteletten sideboards
Krabbe crab
Kragen collar
Krampf cramp

krank ill
Krankenhaus hospital
Krankenkasse health insurance
Krankenschwester nurse
Krankenwagen ambulance
Krankheit illness
Kraut herb
Krawatte tie
Krawattennadel tiepin
Krebs crayfish
Kreditkarte credit card
Kreisverkehr roundabout
Kreuz cross
Kreuzfahrt cruise
Kreuzgang cloisters
Kreuzung crossroads
Krevette shrimp
Kricket cricket
Kriminalroman detective story
Kristall crystal
Kuchen cake; pie; tart
Kugelschreiber ball-point pen
Kühler (*Motor*) radiator
Kühltasche cool box
Kümmel caraway
Kunst art
Kulturtasche toilet bag
Kunstgalerie art gallery
Kunsthandwerk arts and crafts
Künstler(in) artist
künstlich artificial
Kupfer copper
Kupplung clutch
Kürbis pumpkin
Kurs course
kurz short
kurzsichtig short-sighted

L

lachen to laugh
Lachs salmon

Laden store
Lamm lamb
Lammwolle lamb's wool
Lampe lamp
Land country; countryside
Landkarte map
Landschaft landscape
lang long
langsam slow
lassen to leave
Lauch leeks
laut noisy; loud
läuten to ring
leben to live
Lebensmittelgeschäft grocer's
Lebensmittelvergiftung food poisoning
Leber liver
Leberwurst liver sausage
Leder leather
Lederwarengeschäft leather goods shop
ledig single
leer empty
leicht light; (*Aufgabe*) easy
Leichtathletik athletics
leihen to lend
Leinen linen
Lende loin
Leselampe reading lamp
lesen to read
letzte(r) last
Leute people
Licht light
Lidschatten eye shadow
Lidstift eye-liner
lieben to love
Lied song
liefern to deliver
Lieferung delivery
Liegesitz (*Zug*) berth
Liegestuhl deck chair

Likör liqueur
lila lilac
Limonade lemonade
Limone lime
Lineal ruler
Linie line
links left
Linse lentil; (*optisch*) lens
Lippe lip
Lippenpflegestift lipsalve
Lippenstift lipstick
Liter litre
Literatur literature
Loch hole
Lockenwickler curler
Löffel spoon
Loge box
Lorbeer bay leaf
Luftmatratze air mattress
Luftpost airmail
Lunge lung
Lungenentzündung pneumonia
Lupe magnifying glass

M

machen to make; to do; to prepare
Mädchen girl
Magen stomach
Magenschleimhautentzündung gastritis
Magenschmerzen stomach ache
Magenverstimmung upset stomach
Mahlzeit meal
Mai May
Mais sweetcorn
Makrele mackerel
Malbuch colouring book
malen to paint
Maler(in) painter

Malerei painting
Mandarine tangerine
Mandel almond; (*Rachen-*) tonsil
Maniküre manicure
Mann man; (*Ehemann*) husband
Mannschaft team
Manschettenknopf cuff link
Mantel coat
Markt market
Marmelade jam
März March
Maschine machine
Masern measles
Maß nehmen to measure
Material material
Matratze mattress
Mauer wall
Mechaniker(in) mechanic
Medikament medicine
Medizin medicine
Meer sea
Meeresfrüchte seafood
Meerrettich horse radish
Mehl flour
mehr more
Mehrwertsteuer value-added tax (VAT)
Meile mile
mein my
Melone melon
Menge quantity
Menstruationsbeschwerden period pains
Messe (*Kirche*) mass; (*Waren-*) fair
messen to measure
Messer knife
Meter metre
Metzgerei butcher's
Miesmuschel mussel
mieten to hire; (*Wohnung*) to rent

Milch milk
mild mild
Million million
mindestens at least
Mineralwasser mineral water
Minute minute
Minze mint
mit with
mitbringen to bring
mitnehmen to take
Mittag noon
Mittagessen lunch
mittags at noon
Mitte middle
mittel (*Größe*) medium
Mittel (*Medizin*) remedy
Mitternacht midnight
Mittwoch Wednesday
Möbel furniture
Mode fashion
modern modern
mögen to like
möglich possible
Mohrrübe carrot
Moment moment
Monat month
Mond moon
Montag Monday
Moped moped
morgen tomorrow
Morgen morning
Morgenrock dressing gown
morgens in the morning
Moschee mosque
Moskitonetz mosquito net
Motor motor
Motorboot motorboat
Motorrad motorbike
Motorroller scooter
müde tired
Mund mouth
Mundwasser mouthwash

Münze coin
Muschel (*Mies-*) mussel;
  (*Venus-*) clam; (*Herz-*) cockle
Museum museum
Musical musical
Musik music
Musikladen/Musikalienhandlung
  music shop
Muskel muscle
müssen must
Mutter mother
Mütze cap

N

nach (*Zeit*) after; (*Richtung*) to,
  towards
nachher afterwards
Nachmittag afternoon
nachmittags in the afternoon
Nachmittagsvorstellung
  matinée
Nachricht message
Nachsaison low season
Nachsendeadresse forwarding
  address
nächste(r) (*Reihenfolge*) next;
  (*örtlich*) nearest
Nacht night
Nachtcreme night cream
Nachthemd night gown
Nachtisch dessert
Nachtklub nightclub
nachts at night
Nacken neck
Nadel needle
Nagel nail
Nagelbürste nail brush
Nagelfeile nail file
Nagellack nail varnish
Nagellackentferner nail varnish
  remover

Nagelschere nail scissors
Nagelzange nail clippers
nahe near
nähen to sew; to stitch
Nahrung food
Nahverkehrszug local train
Name name
Narkose anaesthetic
Nase nose
Nasenbluten nosebleed
Nasentropfen nose drops
Nationalität nationality
Naturkunde natural history
Nebel fog
neben next to
Nebenanschluss extension
Neffe nephew
nehmen to take; (*annehmen*) to accept
nein no
Nerv nerve
Nervensystem nervous system
nett kind
neu new
Neujahr New Year
neun nine
neunte(r) ninth
neunzehn nineteen
neunzig ninety
Neuseeland New Zealand
nicht not
Nichte niece
Nichtraucher nonsmoker
nichts nothing
nie never
Niederlande Netherlands
niedrig low
niemand nobody
Niere kidney
noch yet
Nordamerika North America
Norden north

normal normal
Norwegen Norway
Notausgang emergency exit
Notfall emergency
nötig required
Notizblock note pad
Notizbuch notebook
November November
null zero
Nummer number
nur only
Nuss nut
nützlich useful

O

ob whether, if
oben at the top
Ober waiter
Objektiv lens
Obst fruit
Obstsalat fruit salad
Ochsenschwanzsuppe oxtail soup
oder or
offen open
öffnen to open
Öffnungszeiten opening hours
ohne without
Ohr ear
Ohrenschmerzen earache
Ohrentropfen ear drops
Ohrklipp ear clip
Ohrring earring
Oktober October
Olive olive
Öl oil
Omelett omelette
Onkel uncle
Onyx onyx
Oper opera
Operation operation

Operette operetta
Opernhaus opera house
Optiker optician
Orange orange
orange orange
Orangenmarmelade marmalade
Orangensaft orange juice
Orchester orchestra
originell original
Ort place
Osten east
Ostern Easter
Österreich Austria
Österreicher(in) Austrian
österreichisch Austrian
oval oval
Overall overalls

P

Paar pair
Packpapier wrapping paper
Packung packet
Paket parcel
Palast palace
Pampelmuse grapefruit
paniert breaded
Panne breakdown
Pannenhilfe breakdown service
Papier paper
Papierserviette paper napkin
Papiertaschentuch tissue
Paprika paprika
Parfüm perfume
Parfümerie perfumery
Park park
parken to park
Parkett (*Theater*) stalls
Parkhaus multistorey car park
Parkplatz car park
Parkuhr parking meter
Parlamentsgebäude parliament

(building); (*London*) Houses of
Parliament
Party party
Pass passport; (*Gebirgs-*) pass
Passbild passport photo
Passnummer passport number
passen to match; to fit
Pasta pasta
Patient(in) patient
Penizillin penicillin
Pension guest house
Periode period
Perle pearl
Perlhuhn guinea fowl
Perlmutter mother-of-pearl
Person person
Personal staff
Personalausweis identity card
persönlich personal
Petersilie parsley
Petroleum paraffin
Pfannkuchen pancake
Pfarrer minister
Pfeffer pepper
Pfeife pipe
Pfeifentabak pipe tobacco
Pferderennen (horse) racing
Pfirsich peach
Pflanze plant
Pflaume plum
pflegeleicht easy-care
Pfund (*Währung*) pound;
(*Gewicht*) pound
Picknick picnic
Picknickkorb picnic basket
Pille pill
Pilz mushroom
Pinzette tweezers
Planetarium planetarium
Plastik plastic
Plastikbeutel plastic bag
Platin platinum

Plattfuß (*Auto*) flat tyre
Platz (*Raum*) room; (*Sitz-*) seat; (*öffentl.*) square
Plombe (*Zahn*) filling
Politik politics
Polizei police
Polizeiwache police station
Pommes frites chips
Ponyfransen fringe
Portier hall porter
Portion portion
Porto (*Post*) postage
Portugal Portugal
Portwein port
Porzellan china
Post post
Postamt post office
Postanweisung money order
Postkarte postcard
postlagernd poste restante
Präservativ condom
Preis price
preiswert inexpensive
Priester priest
prima great
privat private
Probe (*mediz.*) specimen
probieren to try
Programm programme
Prospekt brochure
Prost! Cheers!
protestantisch Protestant
provisorisch temporary
Prozent per cent
prüfen to check
Puder powder
Pullover pullover, jumper
Pulverkaffee instant coffee
pünktlich on time
Puppe doll
pur (*Getränk*) neat
Puzzle jigsaw puzzle

Q

Quelle spring
quetschen (*Muskel*) to bruise
Quitte quince
Quittung receipt

R

Rabbiner rabbi
Rad wheel; (*Fahr-*) bicycle
Rad fahren cycling
Radiergummi rubber
Radieschen radish
Radio radio
Radiowecker clock-radio
Radrennen cycle racing
Rang (*Theater, 1. Rang*) dress circle; (*2. Rang*) upper circle
Rasierapparat razor; (*elektr.*) shaver
Rasiercreme shaving cream
rasieren to shave
Rasierklinge razor blade
Rasierpinsel shaving brush
Rasierwasser after-shave lotion
Rathaus city hall, town hall
rauchen to smoke
Raucher smoker
Räucherhering kipper
Räucherlachs smoked salmon
Rebhuhn partridge
Rechnung bill; invoice
rechteckig rectangular
rechts right
rechtzeitig on time
Redewendung expression
Reformhaus health food shop
Regal shelf
Regen rain
Regenmantel raincoat
Regenschirm umbrella

Regisseur director
regnen to rain
Reh (*Küche*) venison
reif mature
Reifen tyre
Reifenpanne puncture
rein pure
reinigen to clean
Reinigungsmilch cleansing milk
Reis rice
Reise journey
Reisebüro travel agency
Reiseführer guidebook
Reisekrankheit travel sickness
reisen to travel
Reisescheck traveller's cheque
reißen to tear
Reißverschluss zip
Reißzwecke drawing pin
Reiten (horse) riding
Reklamation complaint
Religion religion
Rennbahn race course
Rentner(in) pensioner
Reparatur repair
Reparaturwerkstatt garage
reparieren to repair
reservieren to reserve
Reservierung reservation
Restaurant restaurant
Rettich radish
Rettungsboot life boat
Rettungsring life belt
Rettungsschwimmer lifeguard
Rezept (*Arzt*) prescription
R-Gespräch reversed-charge call
Rhabarber rhubarb
Rheuma rheumatism
richtig right
Richtung direction
Rinderbraten roast beef

Rindfleisch beef
Ring ring
Rippe rib
robust sturdy
Rock skirt
Rollkragen polo neck
Rollladen blind
Rollschuh roller skate
Rolltreppe escalator
Roman novel
romantisch romantic
Röntgenaufnahme X-ray
rosa pink
rosé rosé
Rosenkohl Brussels sprouts
Rosine raisin
Rosmarin rosemary
rostfreier Stahl stainless steel
rot red
Rote Bete beetroot
Rouge blusher
Rubin ruby
Rübe turnip
Rücken back; (*Fleisch*) saddle
Rückenschmerzen backache
Rückerstattung refund
Rucksack rucksack
Ruderboot rowing-boat
Rudern rowing
rufen to call
ruhig quiet
Rührei scrambled eggs
Ruine ruin
Rum rum
rund round
Rundfahrt tour

S

Safe safe
Safran saffron
Saft juice

sagen to say; to tell
Sahne cream
Saison season
Salat salad
Salatsoße dressing
Salbe cream
Salz salt
Salzgebäck crackers
salzig salty
Samstag Saturday
Samt velvet
Sandale sandal
sandig sandy
Sandwich sandwich
Saphir sapphire
Sardelle anchovy
Sardine sardine
Satin satin
Satz sentence
sauber clean
Sauce sauce
sauer sour
Säugling baby
Säuglingsfläschchen feeding bottle
Säuglingsnahrung baby food
Schach chess
Schachtel box; (*Zigaretten*) packet
Schal scarf
Schalter (*Licht-*) switch; (*Post-*) counter
Schaltjahr leap year
scharf (*Speise*) hot
Schaufel spade
Schaufenster window
Schaumbad bubble bath
Schauspieler actor
Scheck cheque
Scheibe (*Brot, Wurst*) slice
Scheibenwischer windscreen wiper

Scheidenentzündung vaginal infection
Schein (*Geld*) note
Scheinwerfer headlight
Scheitel parting
Schellfisch haddock
Schenkel thigh
Schere scissors
scheußlich awful
schicken to send
Schiff ship, boat
Schild (*Verkehrs-*) sign
Schinken ham
Schlafanzug pyjamas
schlafen to sleep
Schlafmittel sleeping pill
Schlafsack sleeping bag
Schlafwagen sleeping car
Schläger racket
Schlagsahne whipped cream
schlecht bad
schließen to close
Schließfach luggage locker
Schlittschuh skate
Schloss (*Gebäude*) castle; (*an Tür*) lock
schlucken to swallow
Schlüssel key
Schlussverkauf sale
schmal narrow
Schmerz pain
schmerzen to hurt
Schmerzmittel analgesic
Schmorbraten pot roast
Schmuck jewellery
Schnalle buckle
Schnecke snail
Schnee snow
schneiden to cut
schneien to snow
schnell fast; quick; (*Adv.*) quickly
Schnellimbiss snack bar

Schnittlauch chives
Schnittwunde cut
Schnitzel escalope
Schnorchel snorkel
Schnuller dummy
Schnur string
Schnurrbart moustache
Schnürsenkel shoelace
Schokolade chocolate
Scholle (*Fisch*) plaice
schon already
schön beautiful; nice; lovely
Schönheitssalon beauty salon
Schottenkaromuster tartan
Schottenkarostoff tartan
schottisch Scottish
Schottland Scotland
Schraubenschlüssel spanner
Schraubenzieher screwdriver
schrecklich horrible
Schreibblock writing pad
Schreibheft exercise book
Schreibpapier writing paper
Schreibwarengeschäft stationer's
Schuh shoe
Schuhcreme shoe polish
Schuhgeschäft shoe shop
Schuhmacher shoemaker's
schulden to owe
Schule school
Schulter shoulder
Schuppen (*Haar*) dandruff
(reine) Schurwolle pure new wool
Schüttelfrost shivers
Schwamm sponge
schwanger pregnant
schwarz black
Schwarz-Weiß-Film black-and-white film
Schweden Sweden

Schweinefleisch pork
Schweiz Switzerland
Schweizer(in) Swiss
Schweizer Franken Swiss francs
Schwellung swelling
schwer heavy; (*Verletzung*) serious
Schwester sister
schwierig difficult
Schwierigkeit difficulty
Schwimmbad swimming pool
schwimmen to swim
Schwimmflosse flipper
schwindelig dizzy
sechs six
sechste(r) sixth
sechzehn sixteen
sechzig sixty
See lake
Seezunge sole
Segelboot sailing-boat
Segeln sailing
sehen to see
Sehne tendon
sehr very
Seide silk
Seife soap
Seil rope
sein to be; (*Pron.*) his
seit since
Seite side
Sekunde second
Sekundenzeiger second hand
Selbstbedienung self-service
selbstklebend adhesive
Sellerie celery
seltsam strange
senden to send
Senf mustard
September September
servieren to serve

Serviette napkin
setzen, sich to sit down
Shampoo shampoo
Shorts shorts
sicher sure
Sicherheitsgurt safety belt
Sicherheitsnadel safety pin
Sicherung fuse
sie she; (*pl.*) they
Sie you
sieben seven
siebte(r) seventh
siebzehn seventeen
siebzig seventy
Silber silver
silbern silver
singen to sing
Skiausrüstung skiing gear
Ski fahren to ski
Slip (*Damen*) briefs
Smaragd emerald
SMS SMS
Socke sock
sofort at once; immediately
Sohle sole
Sohn son
Solist(in) soloist
Sommer summer
Sondertarif special rate; special fare
Sonne sun
Sonnenblende (*Kamera*) lens shade
Sonnenbrand sunburn
Sonnenbrille sunglasses
Sonnencreme sun(tan) cream
Sonnenschirm sunshade
Sonnenstich sunstroke
Sonntag Sunday
Sorte sort; kind
Soße sauce
Souvenir souvenir

Souvenirladen souvenir shop
Spanferkel sucking pig
Spanien Spain
Spargel asparagus
spät late
Speck bacon
Speiseeis ice-cream
Speisekarte menu
Speisesaal dining-room
Speisewagen dining car
Spezialist specialist
Spezialität speciality
Spiegel mirror
Spiegelei fried egg
Spiel game; (*Wettkampf*) match
spielen to play
Spielkarte playing card
Spielplatz playground
Spielwarengeschäft toy shop
Spielzeug toy
Spinat spinach
Spirituosenhandlung off-licence
Sport sport
Sportgeschäft sporting goods shop
Sportveranstaltung sporting event
Sprachkurs language course
sprechen to speak
Sprechstunde surgery hours
Springbrunnen fountain
Spritze injection
Spülmittel washing-up liquid
Stachelbeere gooseberry
Stadion stadium
Stadt city; town
Stadtmauer city wall
Stadtplan street map
Stadtrundfahrt sightseeing tour
Stadtzentrum town centre; city centre

Stahl steel
Stange (*Zigaretten*) carton (of cigarettes)
stark strong
starten (*Flugzeug*) to take off
Station station
Stativ tripod
statt instead of
Statue statue
Steak steak
stechen to sting
Steckdose socket
Stecker plug
stehlen to steal
steif stiff
Stein stone
Steinbutt turbot
steinig stony
stellen to put
Stern star
Sternwarte observatory
Steuerung steering
Stich sting
Stiefel boot
Stockwerk floor
Stoff fabric
Stoppuhr stop-watch
stören to disturb
Strand beach
Straße street; road
Straßenkarte road map
Streichholz match
Strickjacke cardigan
Strickwaren knitwear
Strom electricity
Stromspannung voltage
Strömung current
Strumpf stocking
Strumpfhose tights
Stück piece; (*Theater*) play
Student(in) student
studieren to study

Stuhl chair
Stunde hour
Sturm storm
stutzen (*Bart*) to trim
suchen to look for
Südafrika South Africa
Südamerika South America
Süden south
Supermarkt supermarket
Suppe soup
Surfbrett surfboard
süß sweet
Süßstoff artificial sweetener
Süßwarengeschäft sweet shop
Synagoge synagogue
synthetisch synthetic
System system

T

Tabak tobacco
Tabakladen tobacconist's
Tabelle table
Tablette tablet
Tafel (*Schokolade*) bar
Tag day
Tagescreme day cream
Tagesgericht dish of the day
Tageskarte today's menu
Tageslicht daylight
tagsüber during the day
Tal valley
Tampon tampon
Tankstelle petrol station
Tante aunt
tanzen to dance
Tarif rate; fare
Tasche bag; (*Kleid*) pocket
Taschenbuch paperback
Taschenlampe torch
Taschenmesser penknife

Taschenrechner pocket calculator
Taschentuch handkerchief
Taschenuhr fob watch
Tasse cup
Taucherausrüstung skin-diving equipment
Tauchsieder immersion-heater
tausend (one) thousand
Taxi taxi
Teddybär teddy bear
Tee tea
Teebeutel tea bag
Teelöffel teaspoon
Teich pond
Teigwaren/Pasta pasta
Teil part
Telefon (tele)phone
Telefonbuch telephone directory
Telefongespräch (phone) call
telefonieren to make a phone call
Telefonkarte telephone card
Telefonnummer telephone number
Telefonrechnung telephone bill
Telefonzelle phone box
Teleobjektiv telephoto lens
Teller plate
Temperatur temperature
Tennis tennis
Tennisplatz tennis court
Tennisschuh tennis shoe
Termin (*beim Arzt*) appointment
Terminkalender diary
Terrasse terrace
teuer expensive
Theater theatre
Thermometer thermometer
Thermosflasche® thermos flask®
Thunfisch tuna

Thymian thyme
tief deep
Tier animal
Tierarzt/-ärztin veterinarian
Tinte ink
Tintenfisch squid
Tisch table
Toast toast
Tochter daughter
Toilette toilet
Toilettenpapier toilet paper
toll fantastic
Tomate tomato
Tomatensaft tomato juice
Ton (*Farbe*) shade
Tönungsshampoo colour shampoo
Topas topaz
Töpferei pottery
Tor gate
Torte tart
tragen to carry
Tragetasche bag
Tragflächenboot hydrofoil
Trainingsanzug tracksuit
trampen to hitchhike
Transport transport
Transportmittel means of transport
Traube grape
treffen, sich to meet
Treppe staircase
Tretboot pedalo
trinken to drink
Trinkhalm straw
Trinkwasser drinking water
trocken dry
tropfen to drip
Truthahn turkey
T-Shirt T-shirt
Tube tube
tun to do

Tür door
Türkis turquoise
türkisfarben turquoise
Turm tower
Turnschuhe plimsolls
typisch typical

U

U-Bahn underground; (*in London*) tube
U-Bahn-Station underground station
übel nauseous
Übelkeit nausea
über over
Überfahrt crossing
übergeben, sich to vomit
überholen to overtake
Überlandbus coach
übersetzen to translate
Übersetzung translation
Uhr clock; (*Armband-*) watch
Uhrarmband watch strap
Uhrengeschäft watchmaker's
Uhrmacher watchmaker's
Umkleidekabine fitting room
Umleitung (*Verkehr*) diversion
Umrechnung conversion
umsteigen to change
umtauschen to exchange
unbespielt (*Kassette*) blank
und and
Unfall accident
ungefähr about
ungefährlich safe
unheimlich sinister
Universität university
unser our
unten at the bottom
unter under
unterhalten, sich (*sich*

vergnügen) to enjoy oneself; (*sprechen*) to talk
Unterhemd vest
Unterhose (*Damen*) briefs; (*Herren*) underpants
Unterkunft accommodation
Unterrock slip
unterschreiben to sign
Unterschrift signature
Untersuchung (*ärztl.*) check-up
Untertasse saucer
Unterwäsche underwear
Unze ounce
unzufrieden dissatisfied
Urin urine
Urlaub holidays

V

V-Ausschnitt V-neck
Vanille vanilla
Vater father
vegetarisch vegetarian
Vene vein
Venusmuschel clam
Verabredung appointment; date
Veranstaltungskalender entertainment guide
Verband bandage
Verbandskasten first-aid kit
verbieten to forbid
Verdauungsstörung indigestion
Vereinigte Staaten United States (U.S.A.)
verfügbar available
Vergaser carburettor
vergessen to forget
Vergiftung poisoning
vergoldet gold plated
vergrößern (*Fotos*) to enlarge
verheiratet married
Verhütungsmittel contraceptive

verirrt lost
verkaufen to sell
Verkehr traffic
Verkehrsschild road sign
Verlängerungsschnur extension cord
Verleih hire
verletzen to hurt, to injure
verletzt injured
Verletzung injury
verlieren to lose
vermieten to let
verrenken to dislocate
Verschiedenes miscellaneous
verschreiben to prescribe
Versicherung insurance
Versicherungsgesellschaft insurance company
versilbert silver plated
verspäten, sich to be late
Verspätung delay
Verstärker amplifier
verstauchen to sprain
verstehen to understand
verstopfen to block
verstopft (*med.*) constipated
versuchen to try
Verzeichnis list
Verzeihung sorry; excuse me
verzollen to declare
Videokamera video camera
Videokassette video cassette
Videorecorder video recorder
viel much; a lot; (*pl.*) many
vielleicht perhaps
vier four
viereckig square
Viertel quarter
Viertelstunde quarter of an hour
vierte(r) fourth
vierzehn fourteen
vierzig forty

violett violet
Vitamin vitamin
Vitrine display case
Vogel bird
Vogelkunde ornithology
Völkerkunde ethnology
Volksmusik folk music
voll full
Volleyball volleyball
Vollkaskoversicherung full insurance
Vollpension full board
von from
vor (*räuml.*) in front of; (*zeitl.*) before
vorbestellen to reserve
Vorfahrt gewähren to give way
Vorhang curtain
Vorhängeschloss padlock
vorher before
vormittags in the morning
Vorname first name
vorne in the front
Vorrat stock
Vorsaison low season
Vorsicht caution
Vorspeise starter, hors d'œuvre
vorstellen to introduce
Vorstellung (*Theater, usw.*) show
Vorverkaufsstelle booking office
Vorwahl dialling code

W

Wachtel quail
Waffel waffle
Wagen (*Auto*) car; (*Zug*) carriage
Wagenheber jack
wählen (*Telefon*) to dial
während during

Während currency
Wald wood; forest
Wales Wales
Walnuss walnut
wandern to hike
Wanderschuh walking shoe
wann when
Waren goods
warm hot
Wärmflasche hot-water bottle
warten to wait
Wartesaal waiting-room
warum why
was what
Waschanlage (*Auto*) car wash
Waschbecken washbasin
Wäsche laundry
Wäschedienst laundry service
Wäscheklammer clothes peg
waschen to wash
Waschen und Legen shampoo and set
Waschpulver washing powder
Waschsalon launderette
Waschstraße car wash
Wasser water
wasserdicht waterproof
Wasserfall waterfall
Wasserhahn tap
Wassermelone watermelon
Wasserski water-ski
Watte cotton wool
Wechselkurs exchange rate
wechseln to change
Wechselstube currency exchange
wecken to wake
Wecker alarm clock
Weg way; path
weh tun to hurt
weich soft
Weihnachten Christmas

Wein wine
Wein- und Spirituosenhandlung off-licence
Weinbrand brandy
Weinhandlung wine merchant
Weinkarte wine list
Weintraube grape
weiß white
weit far; (*Kleidung*) loose; (*Schuh*) wide
weitsichtig long-sighted
Weitwinkelobjektiv wide-angle lens
welcher which
Welle wave
wenig (a) little
wenige few
weniger less
wer who
Werktag working day
Werkzeug tool
Werkzeugkasten tool kit
Wermut vermouth
Weste waistcoat
Westen west
wetten to bet
Wetter weather
Wetterbericht weather forecast
Wettkampf (*Spiel*) match
Whisky whisky
wichtig important
wie how
Wie bitte? I beg your pardon?
wieder again
wiederholen to repeat
wie lange how long
Wiese meadow
wie viel how much
wie viele how many
wie weit how far
Wild game
Wildleder suede

Wildschwein wild boar
Wimperntusche mascara
Wind wind
Windel nappy
windig windy
Windschutzscheibe windscreen
Windsurfen windsurfing
Winter winter
Wintersport winter sports
wir we
Wirbelsäule spine
Wirtschaft economy
wissen to know
wo where
Woche week
Wochenende weekend
Wochenendpauschale weekend arrangement
wohin where
wohl (*gesund*) well
wohnen (*vorübergehend*) to stay
Wohnort home address
Wohnung flat
Wohnwagen caravan
Wolke cloud
Wolle wool
wollen want
Wort word
Wörterbuch dictionary
wund sore
Wunde wound
Wundsalbe antiseptic cream
Wundstarrkrampf tetanus
Wunsch wish
wünschen to wish
Wurst sausage
Würze seasoning

Z

zäh tough
Zahl number

zahlen to pay
Zahn tooth
Zahnarzt/-ärztin dentist
Zahnbürste toothbrush
Zahnfleisch gum
Zahnpasta toothpaste
Zahnschmerzen toothache
Zange pliers
Zäpfchen suppository
Zeh toe
zehn ten
zehnte(r) tenth
Zeichen sign
Zeichenblock sketch pad
zeigen to show; (*deuten*) to point to
Zeit time
Zeitschrift magazine
Zeitung newspaper
Zeitungshändler newsagent
Zeitungsstand newsstand
Zelt tent
Zeltboden ground sheet
zelten to camp
Zeltstange tent pole
Zentimeter centimetre
Zentrum centre
zerbrechen to break
zerren (*Muskel*) to pull
ziehen to pull
ziemlich quite
Zigarette cigarette
Zigarettenetui cigarette case
Zigarre cigar
Zimmer room
Zimmermädchen maid
Zimmernummer room number
Zimmerservice room service
Zimt cinnamon
Zinn pewter
Zitrone lemon
Zoll customs; (*Gebühr*) duty

Zollerklärung customs declaration form
Zoo zoo
Zoologie zoology
zu to ; (*zu viel*) too much
Zubehör accessories
Zucker sugar
Zug train; (*die Bahn*) railway
zumachen to close
Zündkerze sparking plug
Zündung ignition
Zunge tongue
zurück back

zurückgeben to return
Zuschlag supplement
Zutritt admittance
zwanzig twenty
zwei two
Zweibettzimmer twin-bedded room
Zweierkabine double cabin
zweimal twice
zweite(r) second
Zwiebel onion
zwischen between
zwölf twelve

Englisches Inhaltsverzeichnis

English index

A

B

C

D

E

Umrechnungstabellen

Inches und Zentimeter

Zur Umrechnung von Zentimetern in Inches multiplizieren Sie mit 0,39.

Umgekehrt können Sie von Inches in Zentimeter umrechnen, indem Sie die Inches mit 2,54 multiplizieren.

12 Inches = 1 Fuß
3 Fuß = 1 Yard

	in.	feet	yards
1 mm	0,039	0,003	0,001
1 cm	0,39	0,03	0,01
1 dm	3,94	0,32	0,10
1 m	39,40	3,28	1,09

	mm	cm	m
1 in.	25,4	2,54	0,025
1 ft.	304,8	30,48	0,304
1 yd.	914,4	91,44	0,914

Temperatur

Um Celsius in Fahrenheit umzurechnen, multiplizieren Sie die Celsiuszahl mit 1,8 und addieren zum Ergebnis 32.

Um Fahrenheit in Celsius umzurechnen, ziehen Sie von der Fahrenheitzahl 32 ab und dividieren die Summe durch 1,8.

C°	F°
100	212
40	105
37	98,6
35	
30	90
25	80
20	70
15	60
10	50
5	40
0	32
	30
−5	20
−10	10
−15	0
−20	

WÖRTERBUCH & GRAMMATIK

Umrechnung von Meilen in Kilometer

1 Meile = 1,609 km

Meilen	10	20	30	40	50	60	70	80	90	100
Kilometer	16	32	48	64	80	97	113	129	145	161

Umrechnung von Kilometer in Meilen

1 km = 0,62 Meilen

Kilo-meter	10	20	30	40	50	60	70	80	90	100	110	120	130
Meilen	6	12	19	25	31	37	44	50	56	62	68	75	81

Flüssigkeitsmaße

Gallonen	Liter	Gallonen	Liter	Pints	Liter
1	4,55	6	27,30	1	0,57
2	9,10	7	31,85	4	2,28
3	13,65	8	36,40	8 pints = 1 gallon	
4	18,20	9	40,95		
5	22,75	10	45,50		

Maße und Gewichte

oz = an ounce	1 oz = 28,35 g
(ûn auns – eine Unze)	¼ lb = 113 g
lb = a pound	½ lb = 227 g
(ô paund – ein Pfund)	1 lb = 454 g
1 kg (a kilo – ô kiloo) = 2,2 lb	
100 g (grams – græms) = 3,5 oz	
2 pints (pt) = 1 quart (qt)	1 pint (peint) = 0,57 l
4 quarts = 1 gallon (gal)	1 quart (kaht) = 1,14 l
	1 gallon (gællon) = 4,5 l
	1 litre (liitô) = 0,88 qt

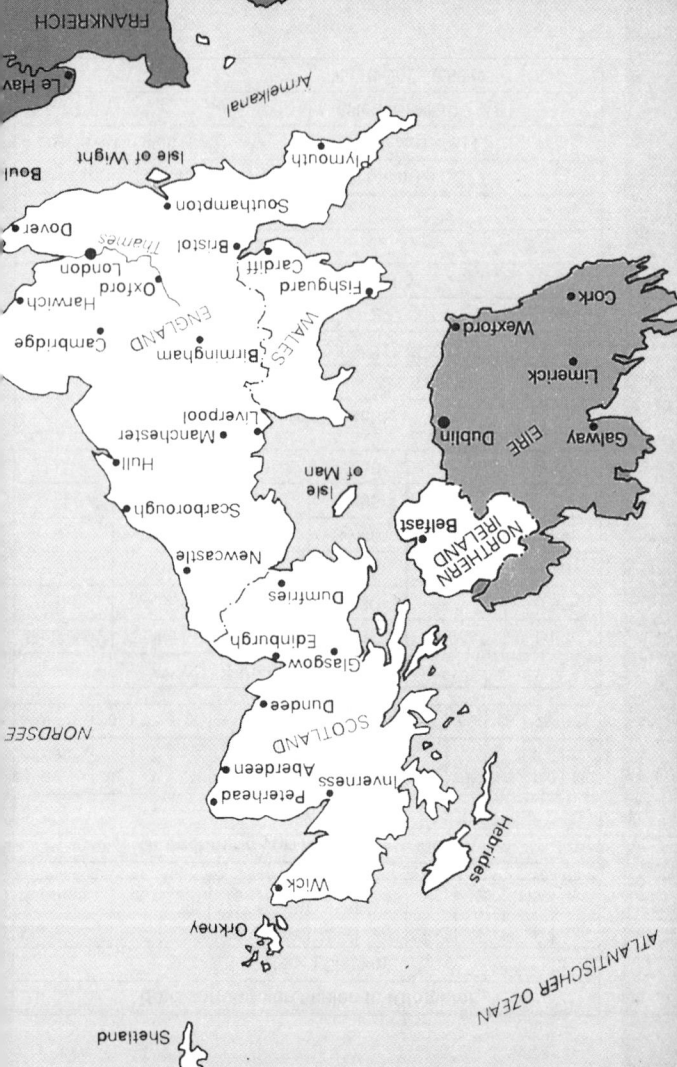